工贵其久

业贵其专

干部工作知识丛书

英国文官制度评介

李家福◎编著

党建读物出版社

目　　录

第一章　英国文官制度演进和分类

“文官”一词的英文是 Civil Servant 或 Civil Service，最初的意思是文职仆人或文职服务人员。英国文官是指英国政府系统中非选举产生和非政治任命的事务官，他们通过竞争性招聘程序获得职位，其雇用和晋升通常基于能力、经验和业绩，而不是政治党派关系。英国文官既不包括内阁成员（首相和大臣）以及政务官员（各部政务次官、政治秘书等）[①]，也不包括现役军人和法院法官。文官群体是英国国家机器的重要组成部分，他们协助政府制定和执行政策，管理资源，维护法治和公平，以及为民众利益服务，有时被戏称为“永不更迭的幕后政府”。

英国文官制度涵盖了文官分类、考试录用、考核激励、培训教育、薪酬福利、监督管理等规章准则，它是政治制度不可或缺的一部分。文官制度作为英国政府运转的核心要素，有助于保持政府的连续性、稳定性。

---

① 首相由下议院选举中占多数席位的政党或政党联盟的领导人担任并经国王任命，各部大臣由首相提请国王任命；政务官员（各部政务次官、政治秘书等）通常由首相或各部大臣任命。

第一节　英国文官制度演进历程

英国文官制度经历了漫长的发展过程，从中世纪的贵族统治到现代的竞争性招聘和专业化管理，以适应国家行政管理的不断演变和增长需求。英国的文官制度不仅提升了英国政府的管理和政策制定水平，也为一些国家建立文官制度提供了借鉴。

一、11 世纪至 17 世纪末（早期文官制度）

英国文官制度的雏形可以追溯到 11 世纪，当时英国国王威廉一世（1066—1087 年在位）引入封建制度，并设置了一个由封建领主组成的地方行政机构，封建领主指派封臣管理领地和征税，这些封臣属于萌芽性质的文官。这一体制在中世纪逐渐演变为地方官僚体系。

14 世纪，英国议会开始发挥更大的作用，有权制定法律和税收政策，这也间接强化了中央政府的职能，进而需要专门的官员来管理国家事务。这一时期，国王雇用一些专业官员，他们被称为文官，负责执行国王和议会的命令。这些文官通常是有经验的法律专家，他们在中央政府和地方政府之间扮演了重要的角色。

在 16 世纪特别是亨利八世（1509—1547 年在位）统治期间，英国政府经历了重大变革。亨利八世开始对官僚体系进行改革，建立了中央政府部门，并雇用了更多文官来管理国家事务。亨利八世的女儿伊丽莎白一世

（1558—1603 年在位）继续强化中央政府的权力，建立了更多的官僚机构，调整财政部门，重组部分政府部门。这一时期，文官开始扮演更加重要的角色，特别是在国内和外交事务方面。

英国内战和共和时期（1640—1660 年），国王查理一世（1625—1649 年在位）与议会发生激烈的冲突，导致英国爆发内战，最终国王被处死，建立共和国。在共和时期，英国文官的地位有所提升，特别是军事和外交领域。奥利弗·克伦威尔领导下的政府建立了一支专业文官队伍，负责管理国家事务。虽然这一时期的文官制度对英国政府的现代化产生了积极作用，但封建势力的影响远未消除，依然实行封建的恩赐官职制。封官许愿、卖官鬻爵的现象司空见惯，政治丑闻屡见不鲜，政府声名狼藉。在这种背景下，英国自 17 世纪末掀起了一场吏治改革运动。1694 年，政府公布法律，限制印花税局的服务人员成为议会议员。1699 年，议会规定将此法律推广到其他各部。①

二、17 世纪末至 19 世纪中期（折中制阶段的文官制度）

17 世纪末至 19 世纪中期，英国资产阶级的力量进一步壮大，他们要求扩大公民选举权的范围和更多的民主权利，议会制度得到进一步发展，两党制基本形成。最早出现在

① 秦勃：《两官分途：西方文官制度一个基本原则的生成与嬗变》，《理论界》2011 年第 8 期。

英国政治舞台上的是托利党[1]和辉格党[2]。英国重要官吏的任免权，为竞选中获胜的政党所掌握。[3] 哪一个政党在竞选中获胜上台执政，他们就会将前一届政府中的大部分官员撤换下去，然后把各种官职作为“胜利果实”来进行公开分赃，政党分肥制由此产生。这种做法是资产阶级政党政治不成熟的表现，导致的直接后果是：每次执政党的更替和内阁的变迁，都要引起政府人员的大换班，使政局不稳，政策执行缺乏连续性，政府工作混乱，冗员充斥、效率低下，统治阶级内部也因“分肥”不均而互相攻讦，腐败盛行。

18 世纪的英国，当“官”是最有利可图、具有高额回报的行业，最多财富的拥有者不是地主，也不是资本家或者商人，而是专业从事行政管理活动或者特定专业的人群，特别是法官、官僚和警察。到 18 世纪末，针对吏治腐败现

---

① “托利”一词起源于爱尔兰语，意为不法之徒。在 1679 年议会讨论詹姆斯公爵（后来的詹姆斯二世）是否有权继承王位时，赞成的人则被政敌称为“托利”。托利党人是指那些支持世袭王权、不愿去除国王的人。托利党人参加了 1688 年的光荣革命。1714 年汉诺威王朝建立后的半个世纪中，托利党在政治上一直处于在野地位。18 世纪中叶，托利党是以土地贵族和上层英国国教徒为核心的政治派别，1760 年成为执政党。19 世纪中叶逐渐演变为英国保守党。

② “辉格”一词起源于苏格兰的盖尔语，意为马贼，英国资产阶级革命时，有人用它来讥讽苏格兰长老派。1679 年，一批议员反对詹姆斯公爵拥有王位继承权，被政敌讥称为“辉格”。辉格党人是指那些反对绝对王权、支持新教徒享有宗教自由权利的人。1714 年后辉格党连续执政达 46 年之久，18 世纪末期势力逐渐衰退，1830 年重新掌权。19 世纪中叶，辉格党势力大增。19 世纪 60 年代，辉格党与其他资产阶级政党合并，改称自由党。

③ Frank O’Gorman. The Emergence of the British Two-Party System, 1760-1832. New York 1982.

象，英国推行了一些旨在提升行政效率和监督官吏廉洁的改革措施，如规定官吏录用需经推荐后任命、建立严格的财务管理制度、裁减冗员、建立薪酬管理制度等措施。但由于在议会中占绝对优势的土地贵族的强烈反对，这些建设性改革议案都被否决了，因此，这一时期英国的吏治腐败并没有得到有效整治。

17 世纪末至 19 世纪中期，英国文官制度处于折中制阶段。这一阶段，文官管理机构发生了重大变化，标志是文官委员会的成立和财政部职权的扩展。文官委员会成立于 1855 年，标志着英国政府对于文官管理的机构化。文官委员会由政府任命的专业人士组成，负责审查文官的招聘和升迁事宜。该机构的建立为英国文官管理的专业化和中立性奠定了基础，使文官在政府中的角色不受政治波动的干扰。19 世纪初，英国财政部逐渐崭露头角，开始承担更多的文官管理职责。财政部的主要职责包括管理国家财政、薪资发放以及其他与文官待遇相关的事务。财政部职权的扩展使其成为文官管理的重要政府部门之一，与文官委员会共同保障文官薪酬和待遇的公平透明。

折中制阶段的英国文官制度具有四个方面的特点：一是专业化，招聘和升迁的决策更多地基于专业能力和资格，而不是政治因素；二是中立性，文官的选拔和管理不受政治影响，保证政府的中立和稳定；三是透明度，文官委员会的建立和财政部职权的扩展保障了文官薪酬和待遇的公平透明；四是政府办事效率有所提升，专业的文官管理部门和财政部的协作使政府的运转效率逐步提升。

三、19世纪中期至20世纪初（部内制阶段的文官制度）

1853年，英国政府成立了由麦考莱、哥威特和莱弗维组成的三人委员会，负责调查东印度公司的员工任用制度。委员会在调查的基础上提出了改革东印度公司人事制度的报告，即《麦考莱报告》。报告明确主张摒弃恩赐官职制，实行公开竞争的考试制度，按照通才结构、择优录取、公开竞争、标准平等的原则录用员工。该报告作为东印度公司改革用人制度的蓝本，实施后取得了一定效果，报告提出的原则成为英国文官制度的基础。

1853年，英国与俄国之间爆发了克里米亚战争，由于英国政府效率低下、官员昏庸无能和玩忽职守，导致英国军队伤亡惨重，议员纷纷指责政府用人不当。为了平息民众的愤怒，1854年，在麦考莱调查东印度公司用人制度的同时，财政大臣威廉·尤尔特·格莱斯顿（1868—1874年、1880—1885年、1886年和1892—1894年任首相）授意议会议员斯坦福·诺斯科特和查理·屈威廉调查英国官员制度的状况，他们根据广泛的调查提出了改革官僚制度的方案，即《诺斯科特—屈威廉报告》（又称《关于建立英国常任文官的报告》），该报告指出恩赐官职、任人唯亲、卖官鬻爵、营私舞弊是导致政治腐败和行政效率低下的根本原因。该报告就文官考试、晋升、分级等提出了建议方案，例如，初任文官均应在年轻时通过选拔考试；文官通才结构；文官不能有政治偏向，不能有党派色彩；文官的晋升依据工作实绩而非资历，实绩评定以上级的考核报告为依据；各部文官实行统一管理，工作和服务实行统一的标准和做法，可在各部之间互相转调、晋升；文官按工作性质分为智能类和体力类（即白领和蓝领），前者由大学生来担当，后者由低学历或无学历的人员来充任；等等。虽然该报告因触碰保守贵族的利益未获得议会通过，但其主要建议后来都成为英国文官制度的基本原则，并陆续付诸实施，推动文官团体逐步成为英国政治力量中相对稳定的一部分。

1855 年，新上任的帕麦斯顿首相（1855—1858 年和 1859—1865 年在任）以枢密院令的形式颁布第一个正式的文官制度改革法令《关于录用王国政府文官的枢密院令》，决定任命三人组成文官委员会，负责文官制度的改革，这标志专门的文官管理部门成立。

1832 年和 1867 年英国两次议会制度改革，使工业资产阶级进入议会，并逐步取得主导地位。在这个过程中，工业资产阶级改革了一些不适应资本主义生产力发展的因素，旨在推动政府进一步提升效率，这为英国现代文官制度的建立提供了政治支撑。

1860 年，英国议会组成以斯坦利为首的五人委员会，调查政府各部门的人事状况，该委员会根据调查结果，提出了文官分级分类的建议。后来，这个报告提出的措施在政府各部门得以实行。1865 年，为缓解应急工作人手不够的问题，英国政府雇用了一批临时的抄写人员，使文官的类型多样化。1870 年 6 月 4 日，格莱斯顿首相颁布文官改革的第二个枢密院令，明确规定：文官统一划分为高低两级；一切文官职务的任命都必须依据文官委员会委员们的规定，通过公开竞争考试；委员们在财政部的监督下有权独立决定被录用文官必须具备的条件，但是外交部和内政部可以例外；一些高级文官职位可不经过考试而由大臣直接任命。1855 年、1870 年两次枢密院令的颁布标志着英国现代文官制度的正式建立。此后，英国政府通过财政部等部门以内阁的名义多次发布命令、报告，对涉及文官的录取、分级、薪酬、晋升、管理等方面进行补充和完善。英国文官制度改革使新的官僚制度获得了初步的独立性，减少了品位在文官体系中的比重，使文官逐步走向专业化、职业化。

1875 年，英国政府组成以里昂·普莱费尔为主席的委员会，对文官的招录、升迁及其等级结构进行调查。调查报告指出，政府各部门中第一级文官的人数过多，一些简单事务也由第一级文官处理，势必阻碍第二级文官的升迁通道。因此，1876 年，该委员会建议以枢密院令的形式作出如下规定：一是裁减第一级文官的人数，较简单的工作改由第二级文官担任；二是改进文官的分类结构。此外，该委员会认为，对 1865 年雇用的临时抄写人员的薪酬待遇和升迁条件也要作出具体规定，并于 1883 年颁布《年金法》，建立了专门的文官薪酬制度。

由于这种两级文官的结构同日益繁杂的行政事务不相适应，英国政府于 1886 年组成了以马修·怀特·里德利为主席的委员会，该委员会于 1886—1890 年对文官的等级分类问题进行了调查，先后形成了四个报告，其中，1890 年提交的最后一个报告指出，两级文官结构过于简单，且两级的界限划分得不够明晰，需要重新调整第一级文官和第二级文官的分类形式，并制定相应的规则。

19 世纪中期至 20 世纪初，英国文官制度处于部内制阶段。该阶段的文官管理体制是折中制和部外制的融合，具有四个方面的特点。一是集中与分散，文官委员会的中央化管理保证政府在文官政策和标准方面的集中控制；各部门的文官管理机构允许分散的管理，以满足不同部门的独特需求。二是专业与灵活，文官委员会负责制定专业化的文官政策和标准，以保证招录、晋升和薪资的公平和一致性；各部门的文官管理机构则负责在实际操作中保持灵活性，以适应各个部门的特殊要求。三是中央与地方权责明确，文官委员会的中央化管理保证文官制度在全国范围内的一致性，而各部门的管理机构则可以根据地方需求进行适度调整。四是政策和执行的分离，文官委员会负责制定政策和标准，而各部门的文官管理机构负责具体执行。

四、20 世纪以来（现代英国文官制度）

（一）20 世纪上半期

19 世纪建立起来的文官分类，第一级文官和第二级文官之间有不少职位居于游离地位，归入哪一级均不合适，为此，英国财政部于 1906 年以行政命令的形式设立了中间级文官，即介于第一级文官和第二级文官之间，这一级别文官负责处理比第二级文官日常工作水平更高的工作，主要涉及会计、审计和保管等，这便是执行级的前身。①

1866—1890 年的文官制度改革存在一个重大的缺陷，就是第二级文官的考试年龄和程度都与英国当时中等教育的课程衔接不上。例如，年龄的限制是 17—20 岁，考试的科目是语文、簿记、速记、数学、打字、公文、抄写以及组织机构等方面的知识，这些技能和知识，中学课程很难全部解决，因此只有依靠补习学校的补课。1912—1915 年，英国政府成立了以麦克唐纳为主席的委员会对此进行了重点调查研究。麦克唐纳委员会认为，一个国家的文官制度与教育制度应当有密切的关系，各级文官的考试应当和学校的课程设置衔接起来。因此，该委员会主张在 1855 年文官制度基础上进行改革，设立一个低级别的事务员级文官等级，从 16 岁中学肄业的男子中招录，以替代原来的男童事务员；另外，还设立一个高级别的事务员级的文官等级，从完全接受了中等教育满 18 岁的人中招录，以取代原有的第二级和中间级。该委员会还主张设立行政级以取代原有的第一级，使录用文官的条件统一起来。关于升迁问题，1890 年的报告规定第二级必须服务满 8 年才有机会升到第一级，该委员会建议把 8 年改为 6 年，以便有行政才能的文官不至于被埋没。该委员会还主张，一切文官的晋升，都不应单凭上级的推荐，而应该建立一个统一的、科学的考绩制度。由于第一次世界大战的爆发，麦克唐纳委员会

① E. N. Gladden. Civil Services of The United Kingdom, 1855-1970.

的建议未能付诸实施。[1]

第一次世界大战爆发对英国文官制度的改革产生了较大的影响。一方面，年轻人因为参战导致报考文官超龄，需要政府拿出具体措施加以解决；另一方面，男人大量入伍并伤亡，政府工作不得不由妇女来承担，男女同工同酬的问题日益尖锐起来，到了必须解决的地步。为此，1918 年 1 月，英国政府把任务交给了惠特利委员会[2]下属的格莱斯顿委员会，重点研究麦克唐纳委员会关于修改文官等级结构以便同教育程度相衔接的建议。该委员会调查后提出的报告推动了文官职位分类的改革。

1929 年，英国政府组成汤姆森委员会，着重对文官制度的组织结构和服务条件进行调查研究，1931 年形成的报告对 1920 年的改革方案所规定的等级结构提出了两点补充，一是考试科目特别增加口试的比重，规定口试分数应占总分数的 1/6。[3] 二是扩大人员的职责范围，使之能担负比一般事务员更广泛的工作任务。

由于英国政府体系应对第一次世界大战带来的风险明显滞后，1916 年，为使战时内阁的工作更有效率，英国政府在内阁设立秘书处，负责准备内阁会议议程，记录内阁和内阁委员会

---

① 杨柏华、仝志敏主编：《外国人事制度》，劳动人事出版社 1987 年版，第 100 页。

② 惠特利委员会是英国政府 1917 年成立的一个旨在处理劳资争端的组织，因首任主席为约翰·惠特利而得名。1919 年，该委员会业务覆盖文官领域。惠特利委员会分全国、部委和基层三级组织，各级组织之间没有隶属关系。全国惠特利委员会由政府和文官群体各派 27 名代表组成，主席由政府代表担任，副主席由文官代表担任。

③ 1937 年再度提高口试比重，由 3：15 提高到 3：10。

的决定。在此基础上成立了内阁办公厅，下设内阁秘书处、中央统计局、史料组、管理和人事局等机构。

（二）第二次世界大战时期

第二次世界大战爆发后，英国政府加强了对经济的控制，行政管理工作量随之大幅度增加，使得原有的政府部门规模扩大，同时新的政府部门不断涌现，如供应部、粮食部、燃料和能源部、飞机制造部、信息部等，文官总人数因而显著增加，从 1939 年的 3.47 万人激增至 1945 年的 110 万人，大批人员被分配到沿海和内陆各地。竞争考试录用被暂时搁置，成千上万的年轻人作为临时雇员涌进政府各部门。

在战争的压力下，为提高工作效率，英国政府需要尽快发现新人，采取新方法。例如，战时文官在筹备战备资源方面比较有效；战争期间建立的中央统计办公室为政府部门决策的正确性提供了保证；学院派经济学家进入战时内阁经济小组，提供经济咨询，对战时经济起到了一定的作用。战争不仅使政府部门的工作效率提高，其间还出现了许多改革政府部门的主张。例如，对政府部门进行大检查，成立专家委员会管理文官，重组财政部，重视专家的作用，等等。在政府部门内部关于文官制度改革也有争议，1943 年 7 月，农业部常务次官多纳德提出，新型的文官应是专家型的，具有管理才能，并且有机会施展才能；副次官托马斯·卡尔内尔则认为文官的行政类和执行类社会基础比较狭隘，属特权阶层，文官应来自较为广泛的社会阶层。①

① 张岩：《浅析二战对英国文官制度的影响》，《赤峰学院学报》（汉文哲学社会科学版）2009 年第 8 期。

1944—1945 年，英国政府实施了文官新训练计划和新考核方法两项改革。一是采用新的文官培训计划，即考试及格后须先受三个月的服务指导和训练，以便熟悉处理公务的规则、方法、实用知识和技能。二是采用新的考试方法，即品能测验法，包括测验和实际操作，以讨论问题、处理案件、提供意见、主持会议等方式进行，历时 48 个小时，根本目的是考核申请人的见解和态度，以及适应环境与解决问题的能力。①

（三）第二次世界大战结束后至 20 世纪 70 年代

第二次世界大战结束后，英国实行国家干预社会经济的政策，民众希望文官制度能以一种崭新的面貌出现，希望建立一种富有建设性和勇于进取的文官制度。因此，英国政府首先从减少文官数量开始，从 1945 年的 110 万人减少到 1951 年的 74 万人，削减了约 1/3。

第二次世界大战结束后的几届政府虽然都主张改革文官制度，但是由于种种原因，改革不是停留于口头上，就是没有达到预期的效果，文官制度在这十几年间没有发生较大的变化。1945 年工党艾德礼（1945—1951 年在任）政府上台后，在其《让我们面向未来》的政党声明中，承诺使政府部门组织和文官制度更趋完美，却没有提出具体的改革措施。②

① 杨柏华、仝志敏主编：《外国人事制度》，劳动人事出版社 1987 年版，第 101—102 页。

② Kevin Theakston. The Civil Service Since 1945，Oxford University Press，1995，pp. 57-60.

1951年，以丘吉尔（1940—1945年和1951—1955年在任）为首的保守党组阁，提出不少关于精简行政机构、减少政府浪费与冗余的改革举措，如更好地使用专家、科学家、提高录取和培训的质量，结束财政部对文官的控制，中止部际委员会体系，但遭到高级文官、大臣们反对，改革举措也被束之高阁。

1957年，麦克米伦（1957—1963年在任）上台后也曾着手改革文官制度，他决定聘用卸任的高级文官和政府以外的人组成一个特别委员会，负责处理文官人数和效率的问题，对各部进行检查，减少政府各部行政费用，重新考虑各部人员配置，削减工作量等。1958年，麦克米伦下达行政命令，要求各部呈送关于行政工作量削减的报告，但六个月后结果证明是不成功的，因为改革缺少文官的鼎力支持。尽管大多数改革不了了之，但财政部却受到了来自各方的压力，不得不下放某些权力给政府各部门。例如，在文官的职位晋升方面，凡是在主管执行级以下的文官职位晋升，各部都有自主权，这表明一个世纪以来的财政部对文官的集中管理体制开始松动。

这一时期文官分为一般行政文官与专业文官两大类，一般行政文官又分为行政级、执行级、事务员级、助理事务员级四个等级，他们在英国文官制度中占有重要的地位；专业文官包括法律人员、统计人员、科学人员、公务专业人员、医务人员、会计人员、邮政人员七类。在此基础上，形成第二次世界大战以后的英国文官等级结构，即把文官大体分为行政级、执行级、专家级、事务员级、助理事务员级以及勤杂人员级六个等级。这一等级结构一直延续到1970年年底。①

第二次世界大战后，由于英国的国际地位和影响力不断下降，引起国内民众对原有的文官群体和文官制度的极度不满。20世纪50年代，政府内外批评文官制度的言论越来越多，主要针对文官领域效率过低、开支过大、专业人员欠缺方面。1961年，保守党麦克米伦政府提出《普洛顿报告》，企图压缩财政拨款，整顿文官体制，后因政府忙于其他紧迫问题而作罢。

在工党党首哈罗德·威尔逊（1964—1970年和1974—1976年在任）领导内阁期间，重提文官制度改革，1966年委派富尔顿委员会对文官的录用、培训和管理等问题展开调查，但因经济危机一拖再拖。直到1968年，工党政府经过近三年的调查，才正式提出一份长达五卷的《富尔顿报告》，开启了英国历史上一次重大的文官制度改革。

富尔顿委员会的调查表明，英国文官制度长期以来强调通才标准而忽视专业技术人员的作用，最严重的表现就是把真才实学的专业技术人员排除在政府高层决策和顶层设计体系之外。基于此，富尔顿委员会提出了文官制度需要改进的理念价值和基本方案，共158项改革建议。其主要内容包括：一是成立文官事务部，文官委员会并入该部，推行改革方案，负责文官人员的考录选拔、薪酬绩效、行政效率监督等专职工作；二是破除行政机构内存在的纵向

① 杨柏华、仝志敏主编：《外国人事制度》，劳动人事出版社1987年版，第102页。

和横向屏障，取消各种职级，采用统一的等级制度，把文官职位分为20个等级，依据个人才能与资格任用、晋升；三是成立文官学院①，为不同层级文官开设不同课程，通过集中培训提升其业务能力；四是改革考试招录办法，优先录用专业对口的大学毕业生，同时增加由外部调入体制内工作的机会，使各种社会人员能把他们的经验带到政府部门。《富尔顿报告》提出的建议不同程度地为英国政府所采纳。由此，文官制度的社会基础与教育基础进一步扩大。

（四）20世纪80年代以来

20世纪80年代至今的40多年是英国文官制度深度改革的时期，目标是建立一支忠诚、高效、廉政的现代文官队伍，以适应全球化浪潮。

1. 撒切尔政府时期

20世纪中期，英国文官队伍迅速膨胀，加之政府部门分工和职责不明确等方面固有弊病，导致政府部门数量庞大、推诿扯皮、行政效率低下。玛格丽特·希尔达·撒切尔（1979—1990年在任）上台后，为了扭转人浮于事的混乱局面，对文官制度进行了大刀阔斧的改革。

---

① 英国文官学院于1970年6月成立，隶属文官事务部，是英国中央政府的一个机构。经费最初完全由政府拨款，文官免费参加培训教育。1981年，文官事务部撤销，文官学院改隶内阁公共服务办公室。1983年，文官学院开始对部分课程收费。1989年，学院改为自主性的执行机构。1996年，政府终止拨款，学院以市场机制招收学员，完全自负盈亏。1999年以后，文官学院成为内阁办公厅下属的管理与政策研究中心的一部分，文官培训教育只是该中心三项任务中的一项。2005年6月，文官学院脱离管理与政策研究中心，重组为国家政府学院。自2007年1月起，国家政府学院成为独立的政府部门，相当于非内阁部。

一是持续裁减文官队伍。撒切尔政府通过将文官分流到私有机构、根据具体情况提供补偿和安排、改终身制为合同制（主要在进行私有化改革的原政府部门和行政执行机构内实施）等方式，大幅裁减常任文官，使常任文官的数量由 1979 年的 73. 2 万人减少到 1990 年的 56. 2 万人。

二是优化文官结构，一定条件下通过让政务官介入文官结构的方法，打破高级文官独霸的局面。

三是重视专才，明确人员裁减不涉及科技人员和专家。

四是裁撤文官事务部，恢复文官委员会，作为政府组成部门，重点解决文官事务部成立后引起的文官规模扩大和支出增长问题。政府为此制定了四项政策措施：（1）各部实行目标管理责任制，评估与目标相联系的产出和运作情况；（2）政府要明确责任，使资源得到优化使用，检查财政产出和价值；（3）各部要在信息、培训、听取专家意见等方面有效地承担责任；（4）统一文官系统的职级和薪酬标准。效率公署提出检查计划，要求查出潜在的预算节约和提高效率之处，被检查的部门必须提出解决问题的方案。政府公布严格的检查时间表：各部必须在检查开始 12 天内提交解决问题的方案，并且开始落实有关方案；各部必须在 90 天内完成检查的所有工作。截至 1982 年年底，英国政府共进行了 130 次这样的检查，节省开支达 1. 7 亿英镑。到 1985 年，节省的支出额增至 4. 21 亿英镑。[①]

---

① Peter Kemp. The reform of housing benefit, Social Policy and Administration, vol. 21, p. 187.

五是引入绩效考核，通过制定绩效标准，引入竞争机制，不再使文官成为“铁饭碗”。

这次改革涉及文官制度的人事管理、结构、功能、过程等多个方面，加强了对高级文官的控制，得到了官方和民众的普遍肯定。英国文官系统的工作效率得到提高，每名文官处理文件的数量在改革的最初两年增加了20%。

2. 梅杰政府时期

1990年11月，约翰·梅杰（1990—1997年在任）被任命为首相。1991年7月，梅杰政府决定启动“公民宪章”运动。1992年4月，梅杰任命一名内阁大臣全权负责落实该运动，并设立专门的办事机构——内阁办公厅“公民宪章”处。梅杰政府拟定“公民宪章”运动的基本原则是：基于文官的薪酬和办公费用直接来自公民缴纳的税款，因此公民有权利得到文官迅捷、及时的高质量服务，而且收费应当合理。同时，政府在执行行政管理、征收税款等公务时，应当做到公平、富有效率、礼貌待人。“公民宪章”运动的目标是赋予公民监督文官执行公务的权力。

为了进一步完善文官制度，梅杰政府1994年和1996年先后推出了“延续与变革”“推进延续与变革”两个改革项目，主要内容如下。

一是改革文官结构系统和管理体制。1996年建立高级文官系统，主要管理对象是负有重要责任的高级文官和执行长官；颁布统一的文官职位代码，扩大文官委员会委员在择优录用文官方面的权力。

二是减少管理层次，推动管理扁平化发展。

三是通过特别招聘方式将最有才能的毕业生吸收到文官队伍中，同时高级职位面向社会招聘。

四是实施合同制。这个措施主要在进行私有化改革的原政府部门和行政执行机构内实施，行政执行机构中的大多数高层文官与政府签订定期雇佣合同。1992—1993 年，推动实施“质量竞争与私有化”项目，规定对文官系统的物资供应采取招标或合同外包的新方式。1994 年，英国议会通过了《解规和外包法》，允许私营企业和机构承担某些法律规定的文官职能，涉及文官养老金项目、企业统计资料的汇总、食品安全的贯彻、苏格兰的租赁登记等方面。从文官委员会中分离出来的文官招收和评估行政执行机构，1996 年实现了私有化转型。梅杰政府还推出“优先选择”程序，定期对文官系统的运作进行评估和测定，以决定撤除、私有化、外包、市场化的工作细目，确定重组为行政执行机构的文官管理部门。

五是优化文官队伍结构。一方面，裁减冗员，1993—1995 年，梅杰政府削减的文官人数就达到 4.1 万人。到 1995 年 1 月，英国文官的总人数下降到 52 万人。另一方面，在招收文官时向妇女、少数族裔、残疾人倾斜，使文官系统的构成多元化。这一时期，文官系统中妇女的比例达到 51%，超过男性。高级文官中妇女的比例也有明显上升，如七级文官中的女性由 1985 年的 8%增加到 1995 年的 21%；少数族裔文官的比例为 5.4%，超过英国劳动力中少数族裔 4.8%的平均比例；残疾人文官的比例为 1.6%，不低于企业和社会机构的比例。

六是加强文官队伍的监督。1996 年，梅杰政府首次就文官的核心价值观与行为标准制定《文官行为准则》，要求全体文官遵循正直、诚信、客观和公正的价值观。

3. 布莱尔政府时期

1997 年，安东尼·查尔斯·林顿·布莱尔（1997—2007 年在任）担任首相后，继续延续保守党政府的文官制度改革。1998 年 6 月 30 日，布莱尔政府将“公民宪章”运动更名为“服务第一”运动，但仍沿用其原则和细则，只是增加强化政府各部门和行政执行机构之间协同工作的内容。随后，布莱尔政府又设立了公民工作小组，增加“老年人优待”子项目，并出台新的实施工作指南，明确原来颁布的《公民宪章》白皮书继续有效。

1999 年，布莱尔政府推出《政府现代化》白皮书，提出三项改革目标：制定具有战略意义的政策，确定文官工作中心是服务公民，规定文官服务必须高质量、高效率。2004 年 2 月，布莱尔政府提出了关于文官系统的七项目标，进一步明确工党政府的文官制度改革方向。这七项目标是：一个更小的战略中心；具有专业和专门技能的文官系统；对国有部门、私有企业和社会团体开放的，并推动其相互合作的文官系统；文官系统内更迅速的提升和高级职位终身制的废止；具有领导能力的文官系统，在管理和承办项目方面具备领导能力；制定政策要具有战略眼光和创新精神；政府围绕问题组建，而非问题围绕政府产生。①

---

① Tony Blair, op. cit. , p. 121.

一是成立新机构，弱化内阁办公厅职权。布莱尔废止了英国政府传统的私人秘书制度，这被认为是工党改革政务体系举措的一部分。他进一步将私人办公厅、政策研究室和私人秘书处三个部门合并，成立政策指导委员会。政策指导委员会由各级政策顾问组成，分管诸如工业、贸易、媒体、教育和卫生等部门的工作。新的体系打破了英式传统，允许政策顾问直接管理和领导政府工作人员。不仅如此，布莱尔还习惯在首相府发号施令，而不是通过内阁办公厅，首相私人秘书也是以政治任命的方式产生，不再是按照惯例由高级文官担任。在布莱尔担任首相期间，内阁秘书经常被排除在政府决策圈子之外。虽然布莱尔将内阁办公厅的边缘化意图很明显，但内阁办公厅的立场并没有动摇，仍然坚持定期召开内阁会议，努力维持内阁委员会正常运作，尽可能保证一些重要的决策是通过内阁委员会集体作出的，以减少布莱尔加强首相集权的影响。2004 年内阁办公厅发布《文官改革——提供服务与价值观》，文件明确规定：高级文官的任期一般不超过四年；进一步完善绩效考核制度，将薪酬奖金与考核结果挂钩。

二是改进文官管理部门服务方式，提高文官工作能力。2006 年，布莱尔政府在对文官制度改革进行四次检讨后发现，有四个主题是共通的：提高每个政府部门领导机构的领导能力，改进政府部门提供服务的方式，更有效地回应民众的需求，提高文官的技术和能力。同年，布莱尔政府出台新的《文官行为准则》，更详尽地阐释了文官应遵守的道德行为规范。

三是节省文官行政开支。布莱尔政府针对行政经费逐年攀升、民众不满情绪与日俱增的问题，采取裁员、压减日常开支等措施，使行政经费大幅降低。到 1998 年，文官人数下降到 50 万人，直至布莱尔卸任时，文官的人数大体保持在这个水平上，占英国劳动力总数的 1.7%，比 1976 年高峰时减少 24.8 万人，减幅高达 1/3。1998/1999 财年英国文官系统的行政经费也比上一财年下降 10%。

4. 布朗政府时期

2007 年 6 月，戈登·布朗（2007—2010 年在任）在未经大选的情况下成为首相。布朗上台后，对文官制度进行了一些改革。

一是裁减文官数量。2006 年，布朗政府通过减少公共服务职位、私有化或改变公共机构的身份地位、自然减员、志愿离职、重新安置、提早退休、物质激励等多种方式，削减 3 个政府部门 4 万多名文官。

二是安置下岗文官。2008 年，布朗政府颁布命令，将下岗文官纳入特殊人群，并明确所有雇用特殊人群的人或机构都能获得 400 英镑的政府培训补贴，政府还对重返工作岗位的文官给予每周 40 英镑的税收优惠。

三是提高行政效率、节省办公经费。2010 年，布朗政府提出为期四年的“无纸化社会”行动计划，在一年内，为每名文官建立个人专属网页，文官认证身份之后，即可经由网络办理各种行政事务。据测算，每名文官运用互联网而不是纸张来填表或写信，每次能为政府节约 12 英镑。之后的三年，文官个人网页增设类似脸书的社交服务，如在网络上就能召开政府部门会议、向上级传递有关文件和汇报工作。然而，该计划由于存在包括预付成本、数据保护、盗用身份、社会排斥等隐患，以及可能带来的大量文官失业的风险，最终没有大规模展开。

5. 卡梅伦政府时期

2010 年 5 月，戴维 · 卡梅伦（2010—2016 年在任）上任伊始就铁腕治吏，在首次内阁会议上给全体内阁大臣减薪 5%，明令禁止内阁大臣开会打手机。2010—2016 年，卡梅伦政府对文官制度进行大刀阔斧的改革。

一是推动薪酬透明化。成立专门委员会，负责调查英国文官的薪酬状况。调查表明，过去 10 年收入占前 5% 的文官，年薪涨幅高达 51%；2008—2009 年，英国政府向文官共派发了近 1.3 亿英镑与绩效挂钩的奖金，较 2006—2007 年增加 25%，成为有史以来文官奖金最多的一年；9000 多名文官的年薪高于卡梅伦（16.14 万英镑），1000 人的年薪甚至超过 20 万英镑，其中有 172 位高级文官年薪高于卡梅伦，有的甚至高出一倍多；75% 的文官每年年终能拿到分红。[①] 为此，卡梅伦从分红改革入手，将分红与绩效挂钩。每年全体文官接受考核后，前 25% 的优秀文官按具体成绩获得不同程度的分红；考核排在后 10% 的文官，合同到期时，面临降级续签或不续签的后果。

二是裁减文官数量。2016 年，卡梅伦卸任时英国文官总人数为 41.8 万人，较 2015 年少了 1.5 万人，较 2010 年

---

① 参见中国新闻网，http://www.chinanews.com.cn/gj/2010/09-20/2547032.shtml。

少了9万人。

三是调整管理机构。2010年11月，英国政府根据《2010年宪法改革和治理法》建立独立于政府之外的文官委员会，主要致力于推行公正、平等的文官制度并维护其核心价值。具体职能是：维护文官录用基于公开、公正、考绩的原则；保证文官录用相关法律的落实和实行；主持和监督高级文官的考试录用过程；审查和监督政府各部门或行政执行机构的录用过程；要求负责考试录用的政府各部门或行政执行机构公布公开录用的信息；调查、处理文官的申诉。同年，英国政府将“国家文官制度”改为“文官制度”，内阁办公厅成为文官的主管机构。①

四是提升能力。2012年，针对英国文官制度存在的诸多问题，卡梅伦成立专门委员会制订了《文官制度改革计划》，再次强调了提高文官能力的重要性。这次改革计划包括的行动要点有：（1）更严格的绩效管理。通过在政府部门建立标准化的胜任力框架来加强绩效管理，执行更严格的评估系统。优秀的绩效将得到承认，差的表现会受到处理。（2）提高能力。由于外包服务的增多，委托代理、签订合同以及数字技术的人才奇缺，因此将首次确立人才制度，以使政府部门中有才干的人能满足需要。（3）用一种更加统一的方法来开发人才和进行能力建设。（4）采用更多新的提供服务的方法，这些方法将取代以往不是垄断的政府提供就是全面私有化提供的做法。（5）为政府工作人员提供

① 苗培：《英国文官录用监督管理制度借鉴研究》，《人才资源开发》2014年第4期。

良好的雇用条件。政府各部门审视雇用条件，采取措施让文官获得信息技术，提供他们想要的培训。（6）决策过程公开，政策制定建立在接触最广泛的外部专家和未来的政策执行者之上。①

6. 特雷莎·梅政府时期

2016年7月，特雷莎·梅（2016—2019年在任）担任首相期间，深陷“脱欧”泥潭不能自拔，无暇顾及其他改革，特别是积重难返的英国文官制度改革，英国民众对此很不满意。特雷莎·梅政府仅在2016年与文官委员会对《文官管理法》进行了新一轮的修订，在保持原有框架的基础上，对有关条文作了调整和完善。

一是采用最新的文官管理法律依据，特别是将部分依据枢密院令的规定改为议会通过的正式法律，如“招聘”一章，就将招聘应在1995年文官管理枢密院令规定范围内改为招聘应在《2010年宪法改革和治理法》和文官委员会发布的招聘原则范围内。

二是大幅减少对文官的国籍限制，删除了“某些职位的任用需对国家的特殊忠诚”和“某些属于大臣直接领导下的文官任用应有更多限制性规定”两节。

三是删除“外侨证书”一节，取消文官招聘部门负责人的限制权。

四是细化了对高级文官的管理，特别是对排名前200

① M. 斯坦利：《怎样成为一个文官：1997年以来的文官制度改革》，http://www.civilservant.org.uk/csreform.shtml。

名高级文官的管理，明确由内阁办公厅直接负责。①

虽然这些调整客观上为改善文官的工作效率和整体形象起了较大作用，但由于特雷莎·梅政府与保守党以牺牲退休文官国家基本养老金为代价保障其他工作人群的权益，使他们的退休保障水平大幅降低，引发文官群体的极大不满，罢工时有发生。

7. 约翰逊政府时期

2019 年 7 月，鲍里斯·约翰逊（2019—2022 年在任）成为英国新一任首相。约翰逊上台后，提出了一些文官改革思路，并采取了相应的政策举动。

一是调整最高级文官。2020 年 2 月，约翰逊将外交部与国际发展署合并，成立新的政府部门负责外交事务。为了进一步加强对财政部门的控制，采取相关措施，约翰逊迫使财政大臣辞职。同年 9 月，英国最高级文官、内阁秘书马克·塞德威尔因与约翰逊的顾问发生矛盾而辞职。同月，约翰逊任命西蒙·凯斯为内阁秘书兼文官长。②

二是提出强力的文官制度改革思路。2021 年年初，约翰逊政府提出“科技政治”的文官制度改革目标，用大数据进行决策，并通过改革文官系统（雇用更多理科生、清除官僚主义、用机器代替人），让政令更容易下达，并在实施过程中减少各种阻力，以建立一个高效统

① https：//www. gov. uk/government/publications/civil-servants-terms-and-conditions.

② http：//www. gov. uk/government/news/simon-case-appointed-as-cabinet-secretary-and-head-of-the-civil-service.

一的政府。

三是大幅裁减文官人数。新冠疫情暴发以后，英国文官数量暴增，由 2020 年的 45.6 万名增加到 2022 年的 51 万名。为此，2022 年 5 月约翰逊提出了裁减 1/5 文官（约 9.1 万名）的计划，以节省财政开支，从而让政府有余力推行减税政策，缓解英国的“生活成本危机”，但随着约翰逊辞去首相职务，此项计划取消。

8. 苏纳克政府时期

2022 年 10 月，里希·苏纳克（2022—2024 年在任）出任英国首相。苏纳克执政期间，文官队伍进一步扩大，仅 2023 年就增加 2.2 万名；高级文官丑闻频发，导致政府威信下降。

一是文官薪酬增幅较低引发大规模罢工。2023 年 2 月，10 万名文官由于不满生活成本急剧上升以及薪酬水平过低，投票通过一项决定，集体罢工以迫使政府涨薪。这 10 万人来自英国政府的各个重要部门，甚至包括负责应对罢工事件的内阁办公厅文官。

二是裁减文官数量。2024 年 4 月，苏纳克政府制订计划，要求年度国防开支增加到国内生产总值的 2.5%，在不增加财政负担的情况下，需要裁减 72000 名文官来保障资金供给。

9. 斯塔默政府时期

2024 年 7 月，基尔·斯塔默出任英国首相，使工党时隔 14 年再度执政。斯塔默政府施政以来，有关文官的主要政策是裁员。2024 年 12 月，面对近 55 万名文官，英国政府计划削减超过 1 万名，以降低成本并腾出资金用于基本支出。

五、英国文官制度基本原则

英国文官制度建立以来，一直坚持政治中立、公开竞考、通才、职务常任的原则，逐渐成为西方主要国家文官制度遵循的基本原则。英国文官制度固化形成的这些原则体现了英国政府在管理文官和实施政策时坚守的核心价值观和方法，它有助于保障政府的稳定性和连续性，能够有效地履行职责，为民众提供较好的服务。当然，随着环境的变化，这些原则也不断地被修改和完善。

（一）政治中立原则

政治中立原则始于 1701 年英国议会颁布的《王位继承法》，该法律规定政府各部门的官员不得参与政党政治活动。政治中立原则是英国文官制度的核心原则之一，它强调了文官在履行职责时必须保持政治中立，不受政治的影响，以此维护政府的政治稳定性和政策的连贯性。

1. 政治超然。英国文官在履行公务活动时不应受到政治压力或偏见的影响，不应将个人政治信仰引入工作中，以保证决策是基于客观和专业的判断。

2. 对政治问题的缄默。英国文官不应在公开场合或社交媒体上发表与政治有关的言论或建议，避免卷入政治争议，以保持他们的中立性。

3. 禁止参与党派政治活动。英国文官不得参与党派政治活动，包括但不限于加入政党、支持特定政治候选人或参与选举活动。这一规定使文官能够在政治领域保持中立。

4. 不允许兼任议员。英国文官不能同时担任议员，以避免出现利益冲突或政治偏见。如果英国文官决定参选议员并当选，他们必须辞去文官职务，并在政治事务中保持中立。

5. 无条件地执行政府政策。英国文官的主要职责是执行政府的政策和法律，无论政策由哪个政党制定，他们必须忠实执行，使之顺利实施。

6. 保持在政策制定中的专业咨询角色。尽管英国文官在政策执行中必须保持中立，但他们在政策制定过程中通常会提供专业咨询和建议。

7. 维护政府政策的稳定性。英国文官的中立性和专业性使政府能够在政治变迁时继续履行职责，保持政策的连贯性，不受政治动荡的干扰。

（二）公开竞考原则

公开竞考原则使英国文官的招聘和录用相对公平、公正和透明，有助于维护政府的专业性、公正性和效率。

1. 考试录用。英国文官必须通过考试才能被录用，这些考试旨在评估申请人的知识、技能和能力，使他们具备履行文官职责所需的基本素质。

2. 平等对待。参加英国文官考试的申请人，无论他们的民族、种族、性别、婚姻状况、家庭背景、宗教信仰或生理状况如何，都不得受到歧视或不公平待遇。

3. 综合评估。英国文官的招聘过程不仅依赖于考试成绩，还会综合评估申请人的品行、能力和个人资历，包括对他们的学历、专业背景、工作经验和品德的考察。

4. 公开透明。英国文官职位的招聘过程必须事先公告并向民众公示，这通常包括在官方网站、报纸或其他媒体上发布职位空缺的信息，以吸引有资格的申请人；公开考试内容和评分标准，让申请人和民众能了解招聘过程的细节，以评估其公平性。

5. 择优录用。政府对文官的录用主要依据考试成绩和个人资历，而不受政治或其他非专业因素的影响。

6. 反歧视措施。英国政府采取积极措施来防止歧视和不平等对待，使各种背景和群体的人都有机会参与文官考试和招聘。

（三）通才原则

通才原则要求英国文官具备广博的知识和深厚的文化修养，以保证他们能够理解和应对各种政策和管理挑战。

1. 广博的知识储备。英国文官应该具备社会科学等多个领域的知识，这有助于他们更好地理解社会和政府运作的复杂性，以及各种政策问题的多样性。

2. 深厚的文化修养。英国政府鼓励文官强化对文学、艺术、哲学等方面的理解和欣赏能力，以提高他们的综合素质。

3. 较高的素质要求。通才原则要求申请人具备高水平的综合素质，从而降低政府部门招聘低素质或不合格文官的风险，有助于政府招录到有能力的人才。

4. 应对复杂的挑战。要求英国文官能够适应社会、经济、环境等领域的复杂局面，使政府能够更好地应对时局和制定务实管用的政策。

（四）职务常任原则

英国的文官职务常任原则是指文官一经录用，无过失行为，可不受免职、停职等处分，并一直工作到退休，不与政党共进退。文官经考试录用任职后除因辞职、过失被辞退或免职、退休、死亡外一般均长期任职；非因法定事由和非经法定程序不得违背个人意愿强行免职、退休或辞退。

1. 工作安全性。英国文官在担任政府职位期间不能随意被解雇，只有特定情况才会被解雇，如违反法律、职业道德或绩效不佳等情况。

2. 非政治性。英国文官在履行职责时不应受到政治压力或政治因素的影响，不分党派地服务政府，提供客观、专业的建议和服务。

3. 程序合规性。英国文官在可能被解雇或受到不公平对待时享有提供正式通知、听证和上诉的权利，以保证解雇和申诉的程序规范。

4. 专业性。英国文官在政策制定和执行过程中提出的建议和作出的决策应该基于专业知识和事实，而不是政治或党派偏见。

第二节　英国文官分类演变历史

英国文官早期采用品位分类，将文官按照品位或级别进行划分和管理。进入20世纪，英国政府的行政事务变得越来越精细化、专业化和现代化，传统的品位分类也暴露出一些问题和短板。因此，从 20 世纪中期开始，英国政府结合品位分类和职位分类，探索并实施了一种更加综合的分类。

一、19 世纪下半期

英国文官制度形成之前，1853 年的《诺斯科特—屈威廉报告》提出将文官划分为高级和低级两类，这是英国文官品位分类的萌芽。英国文官制度建立之初，1860 年，斯坦利委员会提交的报告建议：文官应划分为高低两级，高级文官须受过大学教育，低级文官无须受过大学教育，但永远不能升入高级职位；文官按工作性质分为若干类。1870 年，英国政府颁发的枢密院令将全部文官分为第一级文官和第二级文官，年薪 100—400 英镑者为第一级文官，年薪 100 英镑以下者为第二级文官；第一级文官必须具备大学学历，第二级文官无学历限制，但永远不能升入第一级文官序列。

1876 年，英国政府颁发的枢密院令规定：（1）将低级文官（第二级文官）进一步划分为成年级和少年级，前者按普通商业教育所要求的科目，通过竞争性考试从 17—20 岁的申请人中招录；后者从 15—17 岁的男子中招录，如果工作成绩优良，经过一次考试，就能升到成年级，如果到 19 岁还不能通过考试将被解雇。（2）成年级文官升为高级文官（第一级文官）须由有关大臣商财政大臣同意后提名推荐，再由文官委员会发给新的证书。（3）只有在第二级文官服务满十年者，才有升迁的机会。（4）在第一级文官和第二级文官之外另设抄写级文官，其报酬按时间或工作量计算。（5）高级文官参与政府决策，提供意见建议；低级文官只是公共事务操作化和日常运营的“螺丝钉”。

二、19世纪末至20世纪40年代

1890年前后，为了提升文官管理系统的效能，英国政府依照高低分级的纵向结构和专业标准的横向结构对工作内容进行了新的详细分级。1890年，英国政府根据里德利委员会的建议发布枢密院令，对文官品位分类进一步修改，提高第一级文官的标准以便限制人数，将第一级文官进一步细分为三级，按大学毕业考试类似的科目，从通过竞争性考试的20—24岁的入围者中招录；第二级文官也细分为三级，即在原有的两个等级之外，补充一个特别职业等级，主要从事机械抄写工作；第二级文官要升级为第一级文官，至少须服务八年。[①]1906年，英国政府在第一级文官和第二级文官之间设立了中间级文官，用来处理那些比第二级文官日常工作水平更高的工作，主要涉及会计、审计和保管等方面的工作，这便是后来执行级文官的前身。1914年，英国文官品位分类体系初步形成。

第一次世界大战期间，英国政府行政事务日趋繁杂，文官人数激增。为此，1918年，主持文官改革的格莱斯顿

① 杨柏华、仝志敏主编：《外国人事制度》，劳动人事出版社1987年版，第98—99页。

委员会提交一份报告，建议根据工作性质将文官分成两类五级：一类是帮助制定政策，修改现有规章、决策和惯例，对政府的工作进行组织和指导的文官；另一类则是从事日常的或机械性工作的文官。文官自上而下分成五级，即从事第一类工作的行政级和执行级，从事第二类工作的两个事务员级，以及速记员级和打字员级。1920 年，英国政府制定的文官制度改革方案完全采纳了这个建议，并在此基础上把文官划分为四级，即行政级、执行级、事务员级以及助理事务员级，每一级文官都从受过相应教育的毕业生中招录。1931 年，根据汤姆森委员会的建议，英国政府建立了科学官员和科学助理人员两个职类。1945 年，建立了一系列的技术和专业职类，同时建立了标准化的报酬率、服务条件和集中录用的办法。

三、20 世纪 50 年代

第二次世界大战结束后，英国政府调整文官品位分类，品位分类中增加了横向的划分，也就是在行政职类之外增设了专业技术人员的职类。1950 年，英国文官划分为以下三类。

1. 工业人员与非工业人员。工业人员包括在国防部所属军工厂和海军码头工作的人员、邮政系统工作人员以及在研究单位工作的技术人员等。工业人员分为十大职类，他们都有自己特殊的薪酬级别。非工业人员是指在行政部门办公的事务员、行政和各类专业管理人员以及外交领事人员。

2. 编制人员与非编制人员。编制人员是指政府各部门中享有退休金待遇的人员。非编制人员又称不列等人员，是指各部临时聘用或雇用的人员，其待遇和服务条件与编制人员不同。

3. 普通行政人员与专业技术人员。普通行政人员又称财政部等级文官，分为行政、经济、情报、统计职类等；专业技术人员则分为科学和技术两类。这是比较常用的划分标准。其中，对专业技术人员设置与通用文官层级相应的层次等级：最高级为专业人员级，其中科学人员类下设科学官员级，75%来自原有高级文官的分离重组，相当于行政级，主要负责专业领域的指导和决策，如军事、科教、卫生等，在特定领域居于主导地位；其次为实验人员级，相当于执行级，负责一些分层面的事务；再次为助理科学人员级，相当于事务员级。相较于事务员，专业技术类文官由于具有较高的技术门槛，又增设了助理事务员级，包括各种助理工作人员，如打字员、速记员、复印机管理员以及其他办公设备的管理人员等。为了使专业类文官专注于本领域的技能发展，特别设置了勤杂人员级，包括通讯员、文件保管员、清洁卫生员和司机等服务人员。这种结构虽然增加了文官的横向划分，但是实际上仍然没有将行政人员和专业技术人员纳入统一的分类体系当中，专业技术人员仍旧得不到重视。

四、20 世纪六七十年代

1964 年，工党大力抨击当时的文官制度太过保守，缺乏科学和管理精神，该党赢得大选后便组成若干委员会针对时弊提出改革报告。1968 年富尔顿委员会的报告主张，英国重新划分文官的类别等级，取消原有的六等级划分（行政级、执行级、专业人员级、事务员级、助理事务员级和勤杂人员级），代之以职业为基础的 10 个职类、16 个职组的统一的分类等级开放结构，开始了向专业分工和职位分类发展的趋势。

1971 年，英国政府着手建立一种开放的分类，即适用于各种职组的能使各类文官顺利流动、合理升迁的统一分类。开放结构中，行政主管级以上的高级文官分成七个职级。开放结构最初在次长以上的文官中实行，其晋升不受职组的影响，当政府部门中出现空缺而须由其他单位适合人选升任时，也不受原单位和原属职组类别的限制。1972 年后下延到行政主管一级，以便于高层文官的横向流动。这种制度设计把上下层行政官员合为一类，在同一职组（行政职组）内包括过去的行政级、执行级、事务员级和助理事务员级人员，从而增加了原来处于不同职级的人员流动的可能性，下级文官的晋升机会相对增多。

1980 年，英国政府增设了 2 个职组，含 3 个职级，非工业类除开放结构外，分为 18 个职组、94 个职级。①

相关职级如表 1-1 所示。

① 曹志主编：《各国公职人员分类》，中国劳动出版社 1987 年版，第 66—85 页。

表 1-1　英国文官的职级情况

<table>
<tr><th>级别序列</th><th>职级</th><th>薪酬级别</th><th colspan="2">类别</th></tr>
<tr><td>1 级</td><td>常务次官</td><td></td><td rowspan="8">高级文官</td><td rowspan="8">开放层级</td></tr>
<tr><td>1A 级</td><td>副常务次官</td><td></td></tr>
<tr><td>2 级</td><td>副次官</td><td>3</td></tr>
<tr><td>3 级</td><td>次长</td><td>2</td></tr>
<tr><td>4 级</td><td>司(局)长</td><td>1</td></tr>
<tr><td>5 级</td><td>助理次官</td><td>1A</td></tr>
<tr><td>6 级</td><td>高级主理</td><td></td></tr>
<tr><td>7 级</td><td>主理</td><td></td></tr>
<tr><td></td><td>高级执行官</td><td></td><td></td><td rowspan="5">考试录用</td></tr>
<tr><td></td><td>中级执行官</td><td></td><td></td></tr>
<tr><td></td><td>执行官</td><td></td><td></td></tr>
<tr><td></td><td>主管</td><td></td><td></td></tr>
<tr><td></td><td>主管助理</td><td></td><td></td></tr>
</table>

资料来源：B. A. M. Phil，The evolution of the United Kingdom Civil Service 1848-1997，http：//www. civilservice. gov. uk/about/do/evolution/4. asp.

五、20 世纪 80 年代以后的发展

1980 年以来，英国历届政府对文官分类实施了一系列改革措施，核心目的在于优化组织结构、推动职位公开化与扩大化，提高行政人员的专业化程度，激发文官队伍在横向和纵向上的流动性。例如，1982 年，英国政府增设了“高级执行官—发展类”职位类别，旨在培养和发展高级管理人才。1994 年，英国政府发布《文官制度：延续与变革》白皮书，提出了成立高级文官管理组织的建议。随后于 1995 年颁布《文官管理法》，明确规定了高级文官的范畴，涵盖了内阁各部与行政执行机构的大部分职员，赋予

内阁各部和行政执行机构设置高级文官职位的权利，并规定达到七级以上的文官可以参与竞争高级文官职位。进入21世纪，英国政府对文官定位分类的改革强调分级细化和专业人才、通用人才双轨培养机制的设计。通过改革，文官事务管理部门对每个类别和层级的岗位制定了详尽的规定，并编制了包括岗位职责、工作内容在内的职位说明书，以此作为衡量文官绩效考核的标准，从而激励文官按照岗位要求尽职尽责地工作。同时，英国政府进一步完善了文官职位分类，根据社会职业特性进行职类划分，使文官提供的公共服务能够更加精准地对接社会多元化需求。在这个过程中，品位分类与职位分类相互借鉴，优势互补，有效提升了英国文官系统的运行效率和服务质量。

英国文官分类的发展变化情况见表1-2。

表1-2　1870年以来英国文官分类的发展变化

<table>
<tr><th>1870年</th><th>1906年</th><th>1920年</th><th colspan="8">1945—1970年</th><th colspan="10">1971年以后</th></tr>
<tr><td rowspan="3">第一级</td><td rowspan="2">第一级</td><td rowspan="2">行政级</td><td rowspan="2">一般行政人员</td><td colspan="7">专业人员</td><td rowspan="6">综合类</td><td rowspan="6">科学类</td><td rowspan="6">专业技术类</td><td rowspan="6">培训类</td><td rowspan="6">法律类</td><td rowspan="6">秘书类</td><td rowspan="6">社会保障类</td><td rowspan="6">资料处理类</td><td rowspan="6">警察类</td><td rowspan="6">调查研究类</td></tr>
<tr><td rowspan="5">法律人员</td><td rowspan="5">统计人员</td><td rowspan="5">科学人员</td><td rowspan="5">公务专业人员</td><td rowspan="5">医务人员</td><td rowspan="5">会计人员</td><td rowspan="5">邮政人员</td></tr>
<tr><td rowspan="2">中间等级</td><td rowspan="2">执行级</td><td>行政级</td></tr>
<tr><td rowspan="3">第二级</td><td>执行级</td></tr>
<tr><td rowspan="2">第二级</td><td>事务员级</td><td>事务员级</td></tr>
<tr><td>助理事务员级</td><td>助理事务员级</td></tr>
</table>

第三节　品位分类和职位分类

文官分类，即横向上将文官划分为若干种类，纵向上划分为若干层次，形成人事分类框架，为文官管理的各个环节提供基础和依据。文官分类最典型的是二元模式，即品位分类和职位分类，其典型代表分别是英国和美国。

一、定义与内容

文官分类的基本单元是职位。对职位的界定尽管表述方式非常多，但其核心的内涵基本一致。[①] 美国是职位分类的发源地，泰勒的科学管理思想被引入到行政管理当中形成了政府的人事分类——职位分类。职位分类以“事”为中心，依据工作性质、工作责任、工作难易程度和任职资格条件的异同，对各种职位进行分析，把众多的职位在横向结构上区分为不同的职类、职组、职系，在纵向结构上划分为不同层次的职等和职级，并制定出明确规定职位工作的职责、责任、任职资格条件的职位说明书，同时每个职位都有一个与其他职位相区别的代码，由此构成结构化的有序的职位类别系统。

品位分类是最早被采用的文官分类方法，也是一种以文官的个人条件如学历、资历等为主要依据的分类方法，这种分类方法是以“人”为中心设计的。例如，品位分类

---

① 王雷保曾提出 11 种定义，参见王雷保主编《文官职位分类教程》，机械工业出版社 1989 年版，第 75—76 页。

一般不做横向的职类、职组和职系等体现专业差异的划分，而是按纵向划分不同等级，依据个人条件将其归为不同的职级。当我们谈及品位分类时往往有一个误区，即认为品位分类并不涉及工作职责的轻重繁简，其实品位分类在纵向的等级划分上也体现出工作的重要程度和对人的能力差异的要求。这种分类方法把“品”与“职”分开，也就是说大多数情况下高级别对应高职位，但也会出现文官有品而无职或者有职而无品的情况。

可以看到，品位分类强调个人的品级、年资等因素。品位分类的优点在于：一是划分方法简单，文官的分类工作简便易行；二是在通才原则之下，有利于培养文官的素质，也便于人事行政机构对文官进行培训；三是能使文官有某种安全感，不必担心因机构调整和工作的调动影响自己的品位等级，有利于文官队伍的稳定。但是品位分类也有其不可避免的缺点：一是因人设职而非因职择人，人事难以匹配；二是不利于文官队伍的专业化，影响工作效率；三是过于重视年资因素而忽视实际的才干，导致积久成官的惰性思维；四是以官阶定薪酬，容易产生不公平感，削弱了文官的工作积极性。品位分类和职位分类在分类对象、原则、分类标准、分等标准等方面存在一定的差异（见表 1–3）。

表 1–3　品位分类和职位分类的比较

比较项	品位分类	职位分类
分类对象	职务与人	职位
分类原则	重视人的因素，兼顾职位	以职位为中心

续表

比较项	品位分类	职位分类
分类标准	资历深浅、学历层级	职位的工作性质
分等标准	职务高低	工作责任大小、所需资格
分类与分等的关系	分类与分等在一起，职务分类同时也是分级	有关系，但是不同层次的问题，可以彼此区分
官职关系	可以分离	重合
职等与人的关系	官随人走	人随职等
报酬依据	官等	职等
分类结果特征	类别、等级简单	横向的职类、职组与纵向的职级、职等构成规范体系
划分工作	易	难

资料来源：黄达强主编《各国文官制度比较研究》，中国人民大学出版社1990年版，第189页。

二、英国现行的文官分类

英国现行的文官分类在设计上体现了品位分类与职位分类的相互渗透：文官不仅可以通过积累年资来晋升品位等级，也能通过转岗或竞争上岗等方式在职位分类系统中寻求更适合自己的岗位和发展机会。

（一）品位分类

品位分类主要用于确定文官的地位和级别。英国文官纵向统一分为四个等级，即行政级、执行级、事务员级和助理事务员级。

1. 行政级。行政级文官由原有的高级文官组成，主要承担政治决策职责，他们不过问具体公共事务，只负责提供宏观政策方案，指导下级开展工作。一般来说，行政级文官的任职条件比较高，一般都要求本科及以上学历，但也不排除个别是从优秀执行级文官中晋升上来的。行政级文官分为高等行政文官和初等行政文官两类，行政级文官被录用后，先从初等行政文官做起，工作两年后，考核合格者会被提升为高等行政文官，不合格者会被降级或者继续留用观察。依据等级层次由高到低，行政级依次有常务次官（副常务次官）、副次官（司长）、助理次官（副司长）、主管（科长）、主管助理（副科长）五个层级。

2. 执行级。执行级文官是在行政级文官领导下负责政策执行和政府部门的一般管理工作。执行级为中层管理层级，通常负责某一业务领域的指导工作，同时起到承上启下的作用，一方面负责对下级具体执行业务情况进行整体把握和监督；另一方面要及时向上层行政官员汇报，疏通执行信息渠道，同时也要兼顾一部分具体管理事务。执行级文官也有等级差异，高等执行文官负责主持重要工作，处理突发事件以及其他一些相对重要的事务。初等执行文官更多的是例行公务，简单照章办事。依据等级层次由高到低，执行级文官依次有主管执行官、主要执行官、特等主任执行官、主任执行官、特等执行官、高等执行官、执行官七个层级。

3. 事务员级。事务员级文官负责管理文件、数据、日常办公事务、秘书工作等常规的辅助工作，主要业务就是为中高级文官提供必要的信息支撑，对外协助处理一些公共服务事务，是公务管理系统的小“螺丝钉”，他们在支持高级文官和中层管理人员方面发挥重要作用。事务员级文官主要包括簿记员、处理申诉案件的人员以及协助高级官员准备文件的资料人员。事务员级文官依次有高级书记官、书记官、助理书记官三个层级。

4. 助理事务员级。助理事务员级文官通常是政府部门的初级员工，执行一些基本的事务工作、数据输入和其他日常任务。他们是政府部门中的新入职员工，通常在学习和培训中。助理事务员级依次有速记员、打字员、记录员、缮印人员等层级。

上述四个等级有严格的界限，低等级很难晋升到高等级，这一现象反映了英国文官制度中的封闭性等级结构，其中升迁通常需要满足一定的资格和经验要求，同时竞争也可能更加激烈。

英国文官品位分类的具体情况见表 1-4。

表 1-4　英国文官的品位分类表

第一等级	层级	第二等级	层级	第三等级	层级	第四等级	层级
行政级	常务次官 （副常务次官） 副次官 （司长） 助理次官 （副司长） 主管 （科长） 主管助理 （副科长）	执行级	主管执行官 主要执行官 特等主任执行官 主任执行官 特等执行官 高等执行官 执行官	事务员级	高级书记官 书记官 助理书记官	助理事务员级	速记员 打字员 记录员 缮印人员 ……

资料来源：周敏凯著《当代资本主义国家的文官制度》，福建人民出版社 1996 年版，第 158 页。

品位分类不容易受到政策变化或政府领导层的影响，有助于文官队伍的稳定性和连续性，但可能会限制文官队伍的多样性和灵活性，难以吸引创新人才进入文官队伍，还会阻碍文官之间的合理流动，因为高级别职位通常需要在同一品位内晋升，而不是跨品位。

（二）职位分类

职位分类在英国文官制度中起着重要作用，它根据文官的具体职责和工作领域将他们分为不同的职位类别，以保证政府部门的各种职能得以顺利执行。这些职位类别涵盖了大部分的政府职能，如财政、外交、卫生、教育等，每个职位类别都有特定的职责和资格要求，以保证拥有专业知识和技能的人员进入相关职位。英国文官横向分为 10 个职类、18 个职组，每个职组按照工作繁简难易、责任大小和任职资格条件不同分为不同职级。其中，10 个职类为：综合类、科学类、专业技术类、培训类、法律类、秘书类、社会保障类、资料处理类、警察类、调查研究类，各职类包括若干职组、职级（见表 1–5）。

表 1–5　1971 年以后英国文官职位分类情况

职类	职组	职级
一、综合类	1. 行政	10
	2. 情报	6
	3. 经济	4
	4. 统计	4
	5. 文书	5
	6. 通信	2

续表

职类	职组	职级
二、科学类	科学	5
三、专业技术类	1. 专门技术	5
	2. 书报、绘图	5
	3. 海上勤务	5
四、培训类		6
五、法律类		3
六、秘书类		10
七、社会保障类		2
八、资料处理类		3
九、警察类		9
十、调查研究类	1. 社会科学调查	5
	2. 资源计划调查	5

英国职位分类演变的历史，基本上是在纵向品位分类基础上增加横向职位分类的历史。在一般行政类之外增加了专业技术类，是比较显著的变化。一般行政类与专业技术类文官有着不同的职务序列。各类文官的职级就是其职等，也就是文官的职业发展阶梯。例如，科学职类只包括一个职组，但该职组下面却有五个职级，即主任科学文官、高级科学文官、高等科学文官、科学文官和助理科学文官。英国各类文官没有一个对应的级别序列，不同职类的职级数是不一样的。

英国的职位分类允许政府部门根据特定领域的要求管理文官，以使文官在其所从事的领域具备相应的专业知识和技能；对每个职位类别和职级都有明确的职责和资格要求，有助于文官在其职位上能够胜任。

第二章 英国文官考试录用制度

英国的文官考试录用制度演变和完善历程与政府部门的现代化进程以及政治体系的持续改革紧密相连，可以追溯至 19 世纪中叶特别是 1855 年和 1870 年的两次文官制度改革，改革引入了公开竞争考试制度，并将其作为文官选拔的标准。该制度历经一个多世纪的磨砺和改良，逐步得以完善。

第一节 历史沿革

英国文官考试录用制度的历史可以分为不同的时期，每个时期都反映了政府部门和政治环境的变化以及制度的不断演进。

一、萌芽时期（1850 年以前）

英国文官考试录用制度的萌芽可以追溯到 17 世纪资产阶级革命时期。这一时期，英国政府的运作和官员任用方式深受封建传统影响，主要实行的是恩赐官职制，即国王或贵族根据个人关系和政治忠诚来任命官员，这种做法导致了行政管理的混乱和效率低下。随着 18 世纪工业革命的到来以及国家事务日益复杂化，对专业化、高效能的行政管理的需求愈发迫切。然而，在 19 世纪 50 年代以前，尤其是在政党政治兴起后，英国文官系统中出现了政党分肥制，即执政党上台后会替换大量政府官员，将官职作为政治酬劳分配给本党支持者，这进一步加剧了行政系统的不稳定性与腐败。

（一）恩赐官职制

恩赐官职制是一种选拔和任命政府官员的制度，其核心内容是高级政治官员或权威人物可以恩赐或提名亲信、支持者、有政治联系的人担任政府职位，而不是通过竞争性的选拔或基于能力来决定。

恩赐官职制的根源可以追溯到中世纪的封建社会。在封建制度下，英国产生了若干个大小不一的封建领主，这些领主拥有土地和权力，并负责管理和维护领地。领主通常会授予臣民土地使用权，以换取他们的忠诚和军事支持。这导致了一种互惠互利的关系，其中领主有权任命自己的亲信和支持者担任领地内的职位，这些职位的职能通常包括领地和司法管理。

17 世纪中叶之前，英国决策权最大的上议院由贵族主导，下议院的权力相对有限。国王在立法和行政方面拥有广泛的权力，包括官吏的选拔和升迁。在这个时期，官吏的选拔和升迁主要基于他们的社会地位、家族背景和对国王的忠诚度，而非真才实学或行政绩效。这导致了封官许愿现象，许多官员是由政治精英或贵族推荐的，而非能力。

1689年，《权利法案》通过，英国确立了君主立宪制，国王的权力受到议会的限制，政府内部作决策出现集体讨论的形式。虽然君主立宪制明确了政府的法律框架，但政治权力仍然集中在国王和政府高级官员手中，这些高级官员通常是贵族或政治领袖，他们可以恩赐政府职位给自己的亲信、支持者或政治盟友，以保证政府的效率和官员的忠诚度。这一时期，政府部门的重要职位通常由国王或政府官员任命，而不是经过竞争性选拔。如果想要成为文官，关键不在于你知道些什么，而在于你认识些什么人。①

总体来看，这一时期英国的政治环境和社会背景在一定程度上决定了文官的选拔和升迁方式：通常基于社会地位、家族背景和政治关系。

（二）政党分肥制

17世纪末，英国政党开始崛起。最初的两大政党是托利党和辉格党，它们的兴起为政党分肥制的发展奠定了基础。

18世纪和19世纪，党派竞争在英国政治中变得更加激烈，客观上推动了政治参与和选举活动的增加，政府职位也逐渐成为各党派争夺的对象。

19世纪初，政党开始在政府中发挥重要作用。获胜的政党掌握了政府官员的任免权，使得政府职位的分配受政党利益的影响，即执政党将政府职位视为奖励支持者和党内成员的机会。

---

① ［英］比尔·考克瑟、林顿·罗宾斯、罗伯特·里奇：《当代英国政治》，孔新峰、蒋鲲译，北京大学出版社2009年版，第329页。

随着政党分肥制的形成发展，竞选获胜的政党便把政府的重要职位赏赐给为竞选作出贡献的亲信、下属或支持他们的集团和个人，利益关系的勾结决定着任职选拔，党派附属影响着岗位确定，官僚追求权力的特性远大于为公民服务。在威廉四世（1830—1837 年在位）时期，政府职位的分配受到政党影响的程度进一步加深。政治任命往往基于党派忠诚度，而非个人能力或专业素养。

二、建立时期（1850—1870 年）

19 世纪中叶，英国政府在面对本国和殖民地行政管理效率低下、用人制度不公等问题时，开始关注到中国科举制度对选拔人才和保持社会流动性的积极作用。随着对中国科举制度理解的加深和对其公平选拔理念的认可，英国政府着手进行文官制度的重大改革。

1853 年，在东印度公司特许状更新之际，英国政府借机取消了该公司直接任命官员的权力，转而推行公开竞争性考试来选拔派驻印度的行政官员。这一变革标志着英国政府向基于能力和教育背景选人用人的制度转变迈出了重要一步。

1854 年，斯坦福·诺斯科特与查理·屈威廉共同提交了《诺斯科特—屈威廉报告》，这份报告提议在英国引入类似中国科举制度的公开考试制度，以实现文官录用的公正性和专业性。

1. 政府所需的文官（除常务次官等高级文官和最低级的抄写、勤杂人员）都要通过考试，择优录用；高级文官从文官内部提拔产生，停止从外部任命的做法。

2. 高级文官要求才能卓著、知识广博和经验丰富，录取标准应对标牛津、剑桥等一流大学毕业生的能力水平；低级人才则以一般的中等教育水平为据。

3. 考试以一般知识而非专业知识为内容，参考牛津大学、剑桥大学的基础课程；录取文官的考试应测试一般的基础知识和适应能力，而不是以应用技术和专门知识为考试内容。

4. “智力工作”人员录取考试科目都是笔试科目，有英语、历史、文学、希腊语、拉丁语、法语、德语、意大利语、数学、自然科学（化学、地理、矿物学、植物学、动物学）、伦理人文科学（伦理和政治哲学）、考古、梵文、阿拉伯语；[①] “机械工作”考试科目有书法、算术、英语作文、摘要、簿记和速记、地理和英国历史、拉丁语、法语、德语、初等数学（平面几何和代数）以及化学和物理。

5. 报名者考试合格后，须接受两年的职业训练，再根据考核成绩优劣分配工作；考试不合格者不得录用。

报告得到批准后，英国开始通过考试来选拔、任用文官，以保证文官队伍的专业水平和整体素质，由此奠定了英国乃至许多西方国家现代文官制度的基础。

1855 年，根据《关于录用王国政府文官的枢密院令》成立的文官委员会，负责设置被推荐到政府文官低级职位

① Richard A. Chapman. The Higher Civil Service in Britain, Constable & Company, 1970, p. 38.

上的年轻人的资格条件，审查这些申请人的年龄、身体、品德是否合格；对考试审查合格者颁发合格证书，分配到政府用人部门。然而，这个枢密院令没有规定公开竞争考试，只要求在被荐举的申请人中进行及格考试（之后又发展到有限制的竞争考试），而且只限于充任低级职位的年轻人，考试的内容都是初等科目。这种考试制度，与其说是为了选拔优秀，不如说是为了淘汰伪劣，而且考试的标准由政府各部门负责人自行掌握，这为营私舞弊提供了可乘之机。即便如此，相较于原来通过任人唯亲、政党分肥等方式产生政府官员的做法，还是进步了不少。在1855年5月21日至1856年12月31日的18个月中，有2686人参加了各类考试，其中1587人获得资格证书，880人因考试成绩不佳被直接拒绝，219人因违反考试纪律而取消成绩。①

1861年，英国财政部开始在下属部门中进行初级水平的竞争考试，考试科目包括拼写、书法、算术、英语作文，在一些情况下还加考簿记和拉丁语。接下来，战争事务办公室、国债办、印度办以及议会职员管理办也采用同样的考试。②

1868年，格莱斯顿内阁执政，继续推行改革，力争实行公开竞争考试制度。1870年，格莱斯顿首相颁布的第二

---

① Civil Service Commissoners. Second Report of Her Majesty's Civil Service Commissioners, 1857.

② Ryan, Shaw Lefver. Report from the Select Committee on Civil Service Appointment, 1860, p. 14.

个枢密院令规定，文官委员会是文官考试的主管机构，拥有独立决定录用文官的权限；任何文官的任用都必须通过统一组织的考试，凡未经考试并持有合格证的，一律不得担任官职；文官委员会委员在财政部监督下有权独立决定拟录用文官必须具备的条件，但是外交部和内政部可以例外；一些高级文官职位可不经过考试而由大臣直接任命。该枢密院令为英国文官考试制度的实施提供了法理依据。此后，政府各部门常务次官以下官员和雇员，几乎都要参加考试才能被录用。

由于文官制度改革首先确定了文官的考试录用制度，明确了通过公开考试择优录取的原则，这从制度上消除了任命者的个人特权及其派生的腐败。同时，择优录取也改善了文官质量，提高了政府效能。据统计，从 1855 年到 1869 年，有 8169 位申请人因文化程度太低或能力较差被淘汰。

三、持续完善时期（1871—1913 年）

1870 年以后，英国文官制度改革的重点转移到了缩减开支和提高效率等问题上，考试录用制度开始平稳运行，进入完善期。

1873 年，财政大臣斯坦福 · 诺斯科特任命了一个选拔委员会，他们提出文官的理想人选是私立学校和大学的毕业生，认为只有优质教育才能造就优秀文官。1877 年，他们提交的报告建议，把文官留给真正的精英。同年，殖民办需要 2 名文员，对职位的要求超出了一般竞争考试的水平，61 名申请人中的 12 名通过考试，通过的人中大多数是私立学校或者大学的毕业生（见表 2-1）。

表 2-1　1877 年英国殖民办申请人受教育情况与去向

受教育中学	受教育大学	去向
温切斯特	贝列尔学院	殖民办
温切斯特	新大学	殖民办
温切斯特	新大学	秘书办
—	牛津大学	印度办
伊顿	剑桥大学三一学院	印度办
哈罗	贝列尔学院	被拒绝
哈罗	牛津大学	文官委员会
—	自学成长	秘书办
—	牛津大学	资料馆
—	都柏林三一学院	英国档案办
黑利伯瑞	剑桥大学三一学院	英国档案办
温切斯特	贝列尔学院	殖民办

资料来源：马桦著《英国文官考试制度研究》，四川大学出版社 2013 年版，第 78—79 页。

1876 年，英国政府发布枢密院令，规定将低级文官（第二级文官）划分为成年级和少年级，成年级作为考试主要类别，按普通商业教育所要求的科目，由文官委员会统一组织考试，从 17—20 岁的申请人中招录。

1886 年，里德利委员会调查发现政府部门人员冗杂、严重过剩，所以将竞争考试暂停了几年。

1890 年，文官委员会进一步把第一级文官划分为三级，按照普通高等教育结业考试的内容，从参加考试的 20 岁至 24 岁的毕业生中选拔人才。基于文官专业和品性塑造的需要，文官委员会对参加考试的人员的年龄进行了规定，因为年龄太小，专业知识缺乏难以胜任岗位需要；年龄太大，品性过于成熟不利于弹性培养。

1894 年，文官委员会恢复高等级竞争考试。1895 年 8 月，印度文官考试和英国文官考试同时进行，两种考试试卷相同。报考印度文官体系最高分的申请人是两地总名册上的第四名、第六名和第七名。获得国内任命者中排名最后的是第十四名。总排名前三的申请人最终选择去印度工作，而排名靠后的申请人则选择留在英国。①

1906 年，英国财政部在第一级和第二级之间增加了中间级，考试科目和“智力工作”人员差不多。

四、深入变革时期（1914—1967 年）

这一时期，英国文官考试录用制度没有大的变化，只是为适应战争需要偶尔改进方式方法、降低有关职位录用标准。第一次世界大战期间，英国大量青年参战，退役时超过了规定年龄而无法进入文官系统。为了改变这种情况，许多特殊岗位放宽了任职年龄要求，如办公室的勤杂人员、民政部的公墓守卫、环卫人员等岗位，很少有年轻人愿意从事，为吸引人们报名，这些岗位基本对年龄没有限制。

1918 年，英国议会批准通过格莱斯顿委员会提交的报告，全面执行公开考试制度，所有新录用的文官，不论职

① 马桦：《英国文官考试制度研究》，四川大学出版社 2013 年版，第 80 页。

位高低，必须经过一定的考试程序。英国文官考试制度的法律地位至此确立，持续至今。

1919 年，英国文官考试增加了口试。

1920 年 7 月，英国政府颁布枢密院令规定，未取得文官委员会考试合格证书者一律不得被任命为临时性或永久性的高级文官。

1931 年，汤姆森委员会提出，考试总分中要增加口试分数的比例，应占总分数的 1/6，1937 年又提高到 3/10。

第二次世界大战期间，战备需求的国家工作人员大幅增加，为了招聘最优秀的人才助力国家渡过危难，文官面试形式不再拘泥于口试。1939 年，因战争关系难以举行常规考试，为了满足军方补充大量工作人员的需要，成立了战时工作人员选拔委员会；因无法举行笔试，考试内容由传统的学识测验转到对应试人品能的测验上，具体科目为心理测验、常识测验、体力测验与口试。还创造了一种品能测试法，考官通过操作、讨论、会议、情景模拟等多种方式，观察申请人面对不同情况的表现，以考察申请人的见解和态度，以及应付环境和解决危机问题的组织、领导、适应和言谈能力。战争期间不得已采用的考试方法产生了意想不到的选才效果，也对战前传统的考试方法带来了很大冲击。

1945 年，英国对传统的考试方法进行了重大改革，加大了面试成绩的比重，尤其侧重于对口试和临场反应能力的考查。

五、现代化改造时期（1968 年至 20 世纪 90 年代）

20 世纪 60 年代以来，第三次科技革命持续发展，英国文官系统对技术类专业人才的需求与日俱增。为了打破以往重视通才、忽视专才的传统，英国文官制度经历了两次重大改革，即 1968 年以《富尔顿报告》为主要内容的改革和 1979 年之后撒切尔执政期间主导的改革，这两次改革内容涉及了文官录用制度的诸多方面，为 20 世纪 90 年代之后文官考试录用制度改革奠定了基础。

（一）富尔顿改革

1968 年，工党政府提出《富尔顿报告》，该报告涉及一些文官考试录用的制度。

1. 文官选拔由通才型向专才型转变，在职文官应向专业化发展；改变选拔录用对象的条件。

2. 在录用文官时，应强调专业技术条件；建立文官对外交流开放的机制，以多种途径鼓励专业技术人才报考高级文官。

3. 文官的招聘、录用都应向社会开放。

4. 放宽报考文官的年龄限制。

虽然上述规定没能以政府的政策法令正式确定下来，但其重视专业技术人才的思想对后续文官考试录用制度的完善提供了方向性的选择。

（二）撒切尔政府改革

20 世纪 80 年代，撒切尔政府对文官的考试录用制度作了一些调整。

1. 改革考试管理机构。1981 年，撒切尔政府把文官委员会的职能一分为二，将考试录用决策权划归文官专员办公室，将考试录用执行权交给录用评估署。随着文官队伍规模的扩大，文官专员办公室承受较大的考试录用压力，为此撒切尔政府又将高、中级文官和普通文官的考试录用分开。文官委员会保留高级文官与中级文官（约占英国文官总数的 15%）的考试录用职责；普通文官的考试录用职责则下放给政府各缺人部门，由政府各缺人部门自行举办文官考试。文官专员办公室履行对政府各部门文官考试录用过程的监督职能，以保证政策实施的统一性和公正性。到 1995 年，文官委员会只保留高级文官的考试录用职责，并负责监督其他文官的考试录用全过程。

2. 调整分类考试制度。（1）主管人员：每年通过考试从政府其他部门或社会机构录用若干名。凡曾在工商业、高等学校或某些专业领域担任过主管职务的人员，都可以申请参加文官委员会举办的竞争考试。（2）助理次官：如果所需的专门技术人才政府内部不能提供，得从政府外部录用。（3）行政学员：报考资格为年龄在 20—28 岁并获得荣誉学位者。从内部提升者年龄应在 21—22 岁，服务须满 2 年。对于初任人员的考试包括 3 个项目：笔试一天半；口试 2 天，内容为口述“起草函件”“回答假设的议会提问”“座谈讨论专题”等，由考选委员会主持；个别接见，由终选委员会面试。（4）执行人员：基本上由考选委员会通过个别接见的方式择优录取。此后，由于申请人数过多，不得不举行合格考试，考试科目有论文写作、深奥文字的摘要与解释、时事问答、数学以及智力测验等，目的在于考查应试人员的一般智力水平以及同职位有关的能力。（5）事务人员：由文官委员会委托政府部门直接招考任用。[①]

六、深化完善时期（20世纪90年代至今）

1994年英国政府发布《文官制度：延续与变革》白皮书，肯定了1979年以来的改革，强调改革要坚持英国文官制度的基本原则，如一致性、政治中立、客观性、功绩晋升、择优录用等，提出要建立高级文官管理组织，向社会公开高级文官的空缺职位等。

1996年4月英国政府发布《文官制度：推进延续与变革》白皮书，再次对文官选拔、录用等制度进行改革。例如，强调所有文官必须与政府部门签订目标管理合同书，取消文官终身制，建立高级文官队伍，颁布统一的文官职位代码，扩大文官委员会委员择优录用文官的权限，允许部分文官与政府部门单独签订合同，等等。

1998年，英国政府重点采取文官“快速通道”发展计划的录用方式。

1999年3月，布莱尔政府发布《政府现代化》白皮书，开启了新一轮文官制度改革。特别是在2005年英国政府颁布《高级文官录用指南》和2006年文官委员会颁布

① 龚祥瑞：《文官制度》，人民出版社1985年版，第65页。

《文官录用法》之后，英国文官考试录用制度又进行大幅改进，如开放各个层次的文官录用，倡导以公开竞争性考试录用方式为主，推行电子录用项目、360 度反馈评价体系、职业生涯管理等方法。

2011 年 7 月 25 日，作为社会流动战略组成部分的白厅实习生计划正式启动。[①] 该计划主要为特定年龄的少数人群包括亚裔、黑人以及少数族裔的学生提供工作实习机会，实习生被安排到白厅进行短期实习，以便于体验文官的工作环境、程序等。该计划包括本科生和研究生、专科生、中学生三个层次。白厅实习生计划是对现有文官实习生计划的补充和拓宽，具有促进社会不同阶层、族群之间合理融合的意义。

为减少在考试录用优秀文官过程中的主观性障碍。2015 年 3 月英国政府发布的《多样性和包容性：文官指南》提出 2016 年人才发展计划，明确要求实行文官匿名考试录用制度，即删除考试者的姓名以及其他如国籍或就读大学等个人信息，以保证政府用人部门和负责人根据考试成绩而不是背景、种族或性别来决定拟录人员。在此基础上，许多政府部门在更广泛的考试录用中使用了这种方法。[②]

2017 年，英国成立政府招聘公司，负责 70%的文官考

---

① Cabinet Office. Two-Week Whitehall Internship Programme Opens，http：//www. cabinetoffice. gov. uk/news/two-week-Whitehall-internship-programme-opens.

② https：//civilservice. blog. gov. uk/2015/11/05/name-blind-recruitment-a-commitment-to-diversity.

试录用工作。①

2018 年 6 月，英国政府使用成功档案法作为文官新的测评方法。

2019 年 11 月 7 日，英国政府建立文官在线测试平台，规定拟录用人员必须通过该平台的测试。该平台有七种常用测试：口试、数字测试、判断测试、管理判断测试、工作能力测试、客户服务技能测试、个案工作（或社会工作）技能测试。测试不需要专业知识或经验。完成测试后，考生可通过访问自己的文官职位账户来获取反馈报告，以帮助了解自己的测试表现。2021 年 3 月，英国政府更新了该平台。②

2021 年年初，为处理“脱欧”事务，英国政府启动了大规模的文官招录工作，到年底共招录 2300 多名文官。2016 年“脱欧”公投以后，虽然英国政府相继录用了 1.6 万名文官来专门处理“脱欧”事务，但仍有大量职位空缺，如谈判专员、税务官、海关事务官等。③

2024 年 9 月，面向高级文官的领导者计划正式实施，该计划旨在培养高级文官领导技能、知识和网络，以驾驭复杂的公共服务领域。在九个月的时间里，高级文官将参加面对面和在线会议，其中包括身临其境的一线访问和行动学习集群。他们将深入研究该计划的关键主题，包括大

---

① https://www.gov.uk/government/organisations/civil-service/about/our-governance#civil-service-governance.

② https://www.gov.uk/guidance/civil-service-online-tests.

③ 参见《英国房产与投资周报》网站，http://ukpiweekly.com。

规模领导、系统思维和领导力、有效沟通以及与大臣建立伙伴关系。①

第二节　实施机构

英国文官委员会作为历史悠久的机构，在保证文官考试录用过程的公开、公平、公正方面扮演着重要的角色。随着政府行政管理现代化和权力的持续下放，文官委员会更多地承担起制定和监督文官考试录用政策的工作，并对高级别文官的考试录用程序进行直接管理。对于一般级别文官的考试录用工作，英国政府将具体的考试录用职责交由政府部门内设的考录委员会来执行，以适应各自的职能需求和专业特点。此外，对于一些特殊岗位或技术性较强的职位甄选测评，政府还会委托给市场化的专业人力资源服务机构或者行业内的专家组织来进行，从而提升公共部门的服务质量和行政效能。

一、政府管理机构

（一）文官委员会

英国文官委员会自1855年成立以来，始终致力于文官录用原则的贯彻执行。尽管文官委员会曾短暂被纳入文官事务部进行统一管理，但其对文官考试事务的主导权一直保持相对独立。

---

① https：//www. gov. uk/government/news/applications-open-for-flagship-initiative-for-top-civil-servants.

第二次世界大战爆发前，文官考试均由文官委员会临时组建的考选委员会负责执行。该委员会通常由文官委员会和相关政府部门的代表组成，具体任务包括审查考试内容、制定录用标准和考试规程、主持各类考试活动、评定成绩以及公布最终的录用结果。

第二次世界大战结束后，为了提升效率和专业化水平，针对以往临时机构存在的责任不明确和力量分散等问题，文官委员会内部设立了两个常设机构：一是考选委员会，每组配置三人，分别由退休文官、从工商界转职至政府的文官以及具有学术背景的大学教授转任的文官构成，主要负责开展书面资格测试和能力评估；二是考录委员会，成员结构更为多元，涵盖了高级文官、工商业界精英、文官工会代表以及大学教授等群体，专司面试和口试环节，即最终的甄选阶段。

随着社会变迁与行政改革的推进，政府用人部门逐渐参与文官的考试录用工作。1968 年，在富尔顿委员会的建议下，文官委员会与财政部的人事管理部门进行了整合，共同承担起英国文官考试录用的整体任务。1982 年，文官委员会的考试录用职责进一步细分，保留对高级文官和部分中级文官（约占英国文官总人数的 15%）的考试录用权限，而普通文官的考试录用工作则由政府各部门自行组织和实施。1995 年，英国枢密院发布了一项重要命令，规定除高级文官的考试录用仍由文官委员会全权负责外，其余文官的考试录用工作均由政府用人部门自主决策和执行。2010 年，《2010 年宪法改革与治理法》出台，明确了文官委员会新的角色定位，即规范和监督文官考试录用原则及其执行过程是否合法合规。

总体看来，英国文官委员会通过制定严格的录用标准和考试规程，推动了英国文官系统的标准化建设；通过对文官的考试录用和合理配置，提升了政府工作的效率和效能。

（二）考录委员会

考录委员会作为政府各部门的内设机构，通常由4—5名成员组成，既包括政府部门或行政执行机构的资深代表，也吸纳了来自文官系统外的专业人士，如行业专家、学者等。这种多元化的组合使考试录用过程不仅立足于政府部门的内部视角，同时也能够引入社会视角和专业知识考查和评估。

对于部分特殊岗位或者专业技术要求较高的职位，负责考试录用的政府部门会特别邀请相关领域的专家加入评价团队，对申请人进行专业技能的深度考查和评估。这样既保证了新入职文官具备胜任工作的必要技能，也体现了政府对专业人才高度重视的态度。

在整个考试录用流程中，尽管具体操作权下放到了政府用人部门，但所有考试录用活动均需严格遵守由文官委员会制定并颁布的《招聘原则（2018）》，该文件强调了公平、公开竞争以及择优录用三大原则。这意味着所有申请人无论背景如何，都有平等的机会参加竞争，且最终的录用决定必须基于申请人的个人能力、业绩以及对特定职位的适应度作出。

二、市场化专业机构

自2017年以来，英国政府部门在文官考试录用过程中采用市场化手段，通过网站、招聘平台以及就业信息发布渠道发布文官职位空缺信息，并由本部门的人力资源团队或专门组建的招聘小组负责具体操作，包括简历筛选、面试安排、考核测试等一系列精细化流程。针对一些高级别或技术性强的特定岗位，政府部门还采用特别的选拔程序，例如，与猎头公司合作，定向搜寻和推荐优秀人选。

2017年，英国政府成立招聘公司，隶属于内阁办公厅的人力资源管理部门，其主要职责之一就是为政府提供专业化、市场化的文官考试录用服务。作为内部服务供应商，该公司已成为政府部门、行政执行机构在文官考试录用方面的首选合作伙伴。该公司职员包括富有经验的招聘顾问和经理、跨领域的运营交付专家、项目实施精英、精通数字设计与数据分析的技术人才，以及能够处理复杂信息的企业服务专员等。

为了实现个性化服务，该公司精心设计了一系列灵活的服务方案。例如，收集并整理详细的职位需求信息；运用大数据分析方法对以往的考试录用数据进行汇总分析，以优化考试录用流程；根据不同职位特点量身定制服务菜单，并能根据政府部门的需求承担各种规模和类型的考试录用任务。此外，还配备了一对一的专业客户经理，全程提供指导与支持。该公司采用数字化工具，例如，建立申请人跟踪系统，有效提升了考试录用流程的效率和透明度；构建易于访问且响应迅速的在线测试平台，使申请人的筛选和评估过程更为科学公正；等等。

第三节　考试与测评

英国没有实行统一的国家级文官考试。申请人可以随时登录文官网站，查看不同的职位空缺，并根据自己的资质和兴趣选择报名参加相关考试。为了使选拔的人才既符合公平原则又符合文官任职的要求，英国文官委员会在考试前一个月会对申请人进行资格审查。申请人通过资格审查后，须参加笔试、面试两轮考试。

一、考试类型

英国文官考试是一个多元化、综合性的体系，旨在通过多种考试类型和方法，选拔最适合公共服务领域各层次职位的优秀人才。随着时代发展，这些考试也在不断调整和完善，以适应政府部门对现代文官队伍日益增长的需求。

1. 公开竞争性考试。这是英国文官系统中较为重要的选拔方式，适用于大多数级别的文官职位。通过笔试、面试和专业技能测试等多轮考试，有可能选拔出具备必要能力和专业知识的文官。

2. 有限竞争性考试。通常针对已经任职于政府部门且有一定工作经验的内部人员，他们可以参加仅限于本部门或特定范围内的晋升考试，以获得更高层级的职位。

3. 专业与技术考试。对于需要特定技术知识和专业背景的高级文官职位，如数据科学家、经济学家、律师、信息技术专家等，会设计一些专业技术性的考试来评估申请人的专业能力。

4. 特殊职位考试。针对的是某些具有特殊要求的高级别或专业技术的职位，可能采用案例分析、项目报告、模拟情境以及实际操作等方式进行综合测评。

5. 心理测试与性格鉴定。在录用过程中，往往会包含心理测试环节，用于评估申请人的智力水平、逻辑思维、决策能力、人际交往以及领导力等方面的素质。

6. 面试与评价中心考试。面试是普遍采用的一种考试形式，包括结构化面试和行为面试；评价中心则通过角色扮演、小组讨论等多种情境模拟，多角度评估申请人的综合素质。

二、考试形式

英国文官考试体系的演变经历了对选拔方式不断优化和完善的过程。早期以笔试为主，保证文官具备必要的基础知识、分析能力和写作技能。随着时代变迁，面试环节逐渐被纳入到文官考试中。20 世纪后半叶，面试成绩在考试总分中的占比不断提升；形式也日益多样化，不仅有一对一的传统面试形式，还出现了如小组讨论、角色扮演、案例分析等多元化的面试形式。随着数字技术的发展和各类突发事件（如新冠疫情）带来的影响，英国政府开始采用在线测试和远程面试的方式，使得考试过程更加便捷高效。

（一）笔试

笔试主要为行政能力测验和专业技术相关考试，依据不同专业进行不同笔试。考试内容包括基本国情、专业知识以及语言文化、历史、地理等相关知识。

1. 一般文官的笔试

该级别有初试和复试两部分。初试仅有三门：书法、拼写、算术（普通数学和小数）。[①] 同样，此等级申请人必须在顺利通过初试的情况下才能进入复试环节。他们的复试科目如表 2-2 所示。[②]

表 2-2　英国一般文官复试科目及其分值

单位：分

科目	分值	科目	分值	科目	分值
书法	400	正字法	400	英语作文	200
混合加法	100	高等数学	300	索引和摘要	200
地理	200	打印手稿	200	将报告简化成摘要	200
英国历史	200	记账	200		
				总分	2600

① William John Chetwode. Handbook of Competitive Examinations, Longmans, Green & Co., 1882, p. 46.

② Civil Service Commissioners. Guide to Employment in the Civil Service, England Civil Service, 1982, pp. 33-34.

(1) 通用科目的考试

书法考试以检查书写是否清晰整洁为主，申请人需要高度重视这一科，尽量采用竖直写法，不要写花体，也不要写得太过拥挤。拼写考试是为了了解申请人的书写和拼写能力，申请人若这一科考得不理想，那么无论其他科目考得多优秀，获得复试的机会也非常渺茫。

英语作文是大家公认的最难对付的考试科目之一，写作过程中，申请人要兼顾话题、书法、拼写、标点符号、时间等诸多因素。申请人从给定的题目中选出自己最容易写好的题目，厘清思路，在保证结构完整的情况下使各部分连贯统一。

算术的初试要求申请人在普通数学和小数方面达标；复试则要求申请人通过大量练习掌握混合加法运算以及部分竖式、部分横式运算，即所谓的“交叉运算”。

索引和摘要的考试会给申请人一些英联邦国家或地方性事务的信函，要求申请人提炼个中精华要义，然后按照日期排序写成摘要。报告的精简考试要求精确。

地理考试涉及全世界的地理常识。申请人复习可以国家为单位，每天准备一个国家。先画出轮廓图，再向内填充重要的山脉、河流、海湾、海峡等地貌，并标出首都位置。这一考试科目虽然要求申请人了解各国情况，但英国的地理常识需要重点掌握。

打印手稿的考试主要考查申请人在打印时的准确度和发现错误的敏锐度，平时可以通过模仿文官事务年鉴里的示范稿来加以练习。

英国历史的考试也很有难度，因为它既有广度也有深度。申请人可用宏观和微观两套体系来准备，以历史朝代为单位先通读再细化。

记账考试要求申请人了解文官体系的账务常识，掌握记账的原则，会使用复式簿记法，会作底账、分类账和现金簿。

（2）专门科目的考试

除了通用科目考试外，某些特殊部门对申请人还有特殊要求，设有针对特殊技能和知识的考试。以下介绍海军部、伦敦邮政总局、最高法院和刑事司法部门的考试科目。

海军部四个职位的考试，分别是审计部门的绘图员职位、工程指挥部的建筑绘图员职位、工程指挥部的工程绘图员职位和水文测量部的绘图员职位（见表 2-3）。[①]

表 2-3　英国海军部四个职位笔试科目及其重点方向

职位	笔试科目		重点方向
	数量	科目	
审计部门绘图员	13	书法、拼写、算术（普通数学和小数）、表面和固体测量、代数（二项式定理和对数）、欧几里得几何（前四册和第六册）、统计学和动力学（初级）、平面三角学（初级）、摘要或论文以及信函的分类、几何绘图、实用工程学、引擎设计和计算、制图和常规计算的技能和准确性	绘图工作需要的专门科目占了很大比例，几何、制图显得尤为重要

① Civil Service Commissioners. Guide to Employment in the Civil Service, England Civil Service，1982，pp. 45-47.

续表

职位	笔试科目		重点方向
	数量	科目	
工程指挥部建筑绘图员	16	应用几何，有关二次方程的代数（幂指和对数），初级力学，建筑历史和风格，建筑工程绘图及其设计，建筑装饰绘图及其设计，透视画图，建筑水彩画，建筑材料强度，建筑材料的使用，地基、泥瓦、砌砖、木工、铁艺、细木制作、管工等建筑的细节知识，建筑工程具体细节，房屋建筑的规范，建筑工程数量的计量，建筑工程成本估算，任意一种现代语言	侧重于工程类，考试囊括了建筑业的绝大多数知识
工程指挥部工程绘图员	19	应用几何，有关二次方程的代数（幂指和对数），初级力学，机械制造厂的绘图及其设计，炼铁厂的绘图及其设计，普通机器的绘图及其设计，结构稳定性和强度的计算，支撑结构承重的绘图计算，结构材料强度的计算，机器动力和运行的计算，结构材料的使用，土建、地基、砌砖、砖瓦、木工等有关建筑的细节知识，炼铁厂建筑的细节，水利工程建筑的细节，机械工程的规范，机械工程的数量计量，机械工程的成本估算，水准测量和土地测量，任意一种现代语言	侧重力学、材料学的知识
水文测量部绘图员	7	书法和拼写，算术（普通数学和小数），地理，应用几何（垂直线、水平线、切分线的方式，从两个或更多的角度选点的问题），地形测绘，法语、西班牙语以及其他语言和英语的互译	几何、地理是职位要求的重点

伦敦邮政总局部分职位的入职考试也有必考科目，其中男性电报员和女性电报员因为职责一样，考试科目是一致的，都要考记录口授内容、书法和算术（简单四则运

算）。邮局的储蓄银行和财务办公室的女性职员初试要考书法、拼写、算术（普通数学和小数），复试要考算术（200分）、英语作文（100分，尤其考查其语法的准确性）、地理（150分）、英国历史（150分）、拼写（200分），总分800分。① 邮局的搬运工和劳工要考抄写信件地址和几个数字的相加（简单运算和复合运算）。

最高法院和刑事司法部门除法官和主要负责人外，都是文官，其考试科目也有针对性。最高法院的文官有三等，入职考试科目有所不同。一等文官要考五门：书法、拼写、算术（普通数学和小数）、英语作文、法律程序，尤其是与该岗位相关的程序。二等文官要考七门：书法、拼写、算术（普通数学和小数）、英语作文、英国历史、地理、法律程序，尤其是与该岗位相关的程序。三等文官要考十门：书法、拼写、算术（普通数学和小数）、打印手稿、英语作文、索引和摘要、将报告简化成摘要、簿记、英国历史、地理。最高法院里的领座员、看门人和信使也要参加考试，科目是读、写和算术（出于保管小额现金簿需要）。刑事司法部门有专门针对会计的考试，分为必考科目和选考科目，总计2900分（见表2-4和表2-5）。②

① William John Chetwode. Handbook of Competitive Examinations, Longmans, Green & Co., 1882, p.28.

② William John Chetwode. Handbook of Competitive Examinations, Longmans, Green & Co., 1882, p.29.

表 2-4　英国刑事司法部门会计考试必考科目及其分值

单位：分

科目	分值	科目	分值	科目	分值
书法	150	拼写	150	英语作文	100
算术（普通数学和小数）	100	刑法和治安法	300	普通法的程序和应用	300
财产或其他权益让与之法律事务	400	证物法	300		
				总分	1800

表 2-5　英国刑事司法部门会计考试选考科目及其分值

单位：分

科目	分值	科目	分值	科目	分值
地理	100	英国历史	100	拉丁语	100
法语或德语	100	商业簿记	100	破产与执行	200
法庭的公平与执行	400				
				总分	1100

英国政府在海外还有派驻文官，针对这类文官的考试有初试和复试之分，初试和复试的必考科目和选考科目总计4800分（见表2-6）。①

① William John Chetwode. Handbook of Competitive Examinations, Longmans, Green & Co., 1882, p. 24.

表 2-6　英国驻外文官初试和复试科目及其分值

单位：分

科目	分值	科目	分值	科目	分值
初试					
希腊语、法语、德语、意大利语（任选一门）	300	英语作文（写摘要）	400	拉丁语	300
				总分	1000
复试					
纯粹数学和混合数学	600	古代历史	400	现代历史	400
地理	200	宪法基本理论	200	国际法	200
政治经济学	600	物理	200	土木工程	200
测量	200	任意两门语言	600（各 300）		
				总分	3800

英国税务部门的税收调查助理也有必考和选考科目，总计 4400 分（见表 2-7）。①

表 2-7　英国税务部门税收调查助理考试科目及其分值

单位：分

科目	分值	科目	分值	科目	分值
必考					
书法	400	拼写	400	英语作文	400
算术（普通数学和小数）	400	高等数学（测定法、平方、立方）	400	地理，尤其是英伦诸岛	400

① William John Chetwode. Handbook of Competitive Examinations, Longmans, Green & Co., 1882, p. 27.

续表

科目	分值	科目	分值	科目	分值
复式簿记法	400				
				总分	2800
选考					
法语、德语、拉丁语，任一语言与英语的互译	400	欧几里得几何一、二、三册	400	代数（二次方程）	400
政治经济学，主要考与汇率和税收有关部分	400				
				总分	1600

一些规模较小的机构因工作的特殊性质设有特别的招考科目。例如，公益信托委员会的考试，除了书法、拼写、算术（普通数学和小数）、英语作文、摘要五门必考科目外，还要求从拉丁语或一门现代外语、英国历史、基础数学中任意选择两门考试；教育理事委员会的考试，除了书法、拼写、摘要和算术（普通数学和小数）外，还要考查申请人把潦草的笔记整理打印成文稿的能力、百分数的计算和簿记；不动产、附属物及什一税委员会的考试，要求掌握听口述作笔录、算术、信函处理等技能，而制图员在上述基础上还要具备土地勘测和绘制平面图的能力；造币厂的考试，要求申请人除了考书法、拼写、算术（普通数学和小数）、英语作文等常规科目外，还必须考计算表格的制作，另外还要在英国历史、政治经济（与货币有关的部

分）、机械学基本原理、基础化学这四科中任选一门。[①]

2. 高级文官的笔试

高级文官的初试科目有书法、拼写、算术（包括普通数学和小数，要求申请人在两个小时内完成26道算术题）和英语作文，复试科目有13个，总计7625分（见表2-8）。[②]

表2-8　英国高级文官的复试科目及其分值

单位：分

科目	分值	科目	分值	科目	分值
英语作文	500	英国历史	500	英国语言文学	500
希腊语言文学和历史	750	罗马语言文学和历史	750	法国语言文学和历史	375
德国语言文学和历史	375	意大利语言文学和历史	375	数学（纯粹数学和混合数学）	1250
自然科学	1000	伦理学	500	法学	375
政治经济学	375				
				总分	7625

高级文官除了基本知识的初试和复试外，还有一些综合性的考试，主要以论文方式检验申请人的文字表达与逻辑推理等综合能力。通常需要申请人从政治、经济、社会、文化为主的若干考题中选取其一作为论文的选题，其中较有代表性的为“快速通道”发展计划中的笔试。该笔试通常为虚拟情况的设定，让申请人根据自身逻辑完成文章。

① 马桦：《英国文官考试制度研究》，四川大学出版社2013年版，第101—110页。

② Robert Johnston. Civil Service Guide，Longmans，Green & Co.，1891，pp. 6-7.

以下为相关考题示例。

无人机的飞行

此事件发生在2024年12月13日，是以未来为背景进行的，纯属虚构。由于无人机的飞行可能威胁民众的安全与隐私，政府出台无人机空中安全法规来规范无人机的使用。该法规表明，自2025年1月1日起，无人机需要按照不同的种类进行管理，英国在户外使用无人机的人需要做到：

(1) 无人机需注册，其识别号码必须在无人机上清晰显示。

(2) 对于某些特殊类型的无人机，使用者必须拥有无人机使用执照。

在此背景下，您是无人机民事法规工作机构下注册与许可部门的一名工作人员，负责审查民众提交的无人机的注册和许可申请，并回应民众对新发布法规的疑问。主管要求您对公民瑞雅来信中的疑问作出回应。根据您所掌握的信息，主管要求按照来信中提到的问题作如下回复：

(1) 就瑞雅是否需要无人机使用执照以及是否需要注册提供指导。

(2) 对瑞雅可能会付出的代价进行提醒。

(3) 尝试消除瑞雅可能对无人机空中安全法规的误解。

备注：注册与许可部门同所有民众的沟通要进行

记录，以备参考；工作人员必须运用信件模版对每一项疑问作出回应，模板包含民众的详细信息（如姓名、地址）。

与此同时，主管要求您思考一下：如何改进无人机民事法规工作机构网站上的新闻稿信息（即只有民众可看到的信息）？您需要在40分钟内完成以下两项任务：

任务一：起草一份对瑞雅的回应函。

任务二：起草一份对主管的回应函。

由于“快速通道”发展计划是面向无工作经验的毕业生，因此，命题一般设定为假想情景。此类题目并不考查申请人的应试能力，而是测验申请人在处理问题时的思维能力。[1]

（二）面试

面试的优点在于能发现笔试无法测出的申请人的某些品质与素质能力。英国文官依据等级不同，选择的面试方式也不一样。

1. 普通文官的面试

面试考官通常由资深的官员、评估员和专家组成，包括高级文官、在职的中级文官和心理学专家等。一般情况下，评估员与专家不会直接参与到对申请人的评估，他们会旁观整个面试过程，对其进行建议与监督。政府通过公

---

① https：//www. gov. uk/government/publications/fast-track-assessment-centre-ftac-guide.

开招标，购买测评公司精心设计的题本。一般文官的面试常用方式如下。

（1）行为测评

一般每五个申请人分为一组，测评的重点包括解决问题的能力、创新能力以及心理素质和协调能力。行为测评有书面和口头两种形式。目前，英国文官面试绝大多数采用口头形式，这样便于第一时间考察申请人的基本情况、心理预期、能力和个性特征，口头形式一般从三个方面提问。

一是开放式提问，如“请你做个自我介绍”“我们为什么选择你成为文官”“你为什么申请成为文官”“你的优势和劣势分别”“你的个性”等。

二是基于能力的提问，如“你完成的速度怎样”“如何作出有效的决策”“怎样提供优质的管理服务”“怎样开展合作”“如何进行领导和沟通”等。申请人回答每个问题都要举一个例子，阐述曾经做过的一件事情，例如，你的任务是什么，执行中遇到了什么困难，你是如何解决的，等等。虽然很多时候，有的例子可能涉及多个问题，但考官要求申请人每个例子只能用一次，不得重复使用。

三是收尾提问，如“你如何管理利益相关者”“你认为五年后自己会在哪里”等。

这种形式易于观察申请人的仪表、言辞和应变能力，但有时评分不能完全客观，而且费时费力。提问结束，考官即给出分数，并现场公布。口头面试的分数占面试总分数的 30%。[1]

（2）结构化面试

不同类型的考官面试侧重点各异，经过综合评价给出分数，占面试总分数的 70%，从而确定申请人录用与否。面试以小组为单位，4—6 人分成一组。考官主要通过操作、讨论、会议、情景模拟等多种方式，考查申请人在团队中解决问题的能力、创新的能力、协调的能力。例如，政府经济学职位的面试，重点考查申请人如何紧密配合团队其他成员分析问题、解决问题，最终提出合理的方案（见表 2-9 和图 2-1）。

表 2-9 英国政府经济学职位面试的试题样本

面试项目	具体描述	小组建议
1. 微观经济学	什么是公共物品？	
	为什么政府提供失业保险？	
2. 宏观经济学	总需求的哪个组成部分会在短期内引起利率的下降？	
	为什么许多经济学家担心通货紧缩？	
3. 计算能力题	下图显示了几个不同国家一段时间内的工业产品出口额	
	如果 B 国的工业产品出口额第五年比第四年低，那么 B 国第五年的工业产品出口额是多少？	
	C 国第二年的工业产品出口额占四国总值的比重是多少？	

① 刘金丽：《公平与科学：英国文官考试制度的原则》，《消费导刊》2009 年第 6 期。

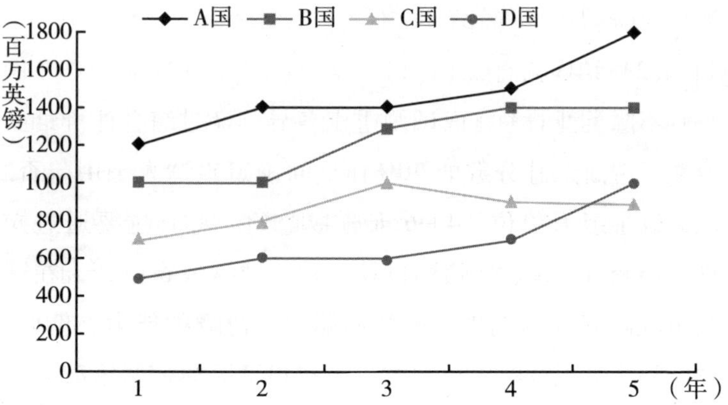

图 2-1　A、B、C、D 国五年工业产品出口额比较

面试通过率一般为 12%—15%，每一职位确定 3—4 名拟录人员。

2. 高级文官的面试

高级文官面试的内容和形式相对丰富和复杂一些，更多考查申请人的宏观领导、统筹协调、视野格局等方面的能力。

（1）直接交谈

考官们看上去都很随和，申请人几乎感觉不到是在考试。例如，考官问申请人是怎么来的，假若答“自己开车来的”，他会接着问：“什么时候学的开车，车是家里人凑钱帮你买的吗?”假若答“坐地铁来的”，他会问：“在地铁里你常看些什么?”你如果说“翻翻报纸”，他会再问：“你对世界上的恐怖组织了解多少？如果你是英国政府的官员，你认为该怎样解决这些问题?”，等等。这种形式的交谈会对申请人造成某种心理压力。在直接交谈中，考官既能直接考查申请人的知识素养，还可以多角度地观察申请人的个人特点、职业观、逻辑思维能力、口头表达能力、应变能力与机警程度等。

（2）综合性面试

考官主要采用结构化面试、小组讨论和情境模拟等方式面试申请人。“快速通道”发展计划招录的文官是英国未来高级文官的主要来源，其面试的基本形式、内容和特点具有代表性。

申请人将在“快速通道”发展计划评估中心进行为期半天的面试。考官主要由有经验的在职文官组成，在面试过程中有见习评估员、高级评估员或者访客观察并监督面试过程。申请人将被问及大约十几个基于能力的问题（每个能力 2—3 个问题），将有 1—2 分钟的时间回答每个问题。考官主要获得申请人的自然反应而不是过度排练的答案。评估员或访客主要考查 7 个方面，即创新与创造能力、有效的决策能力、沟通与领导能力、合作能力、发展组织能力、激励能力、任务快速完成能力。

小组讨论考查的是申请人的决策、沟通、领导与资源配置能力，申请人会以 3—5 人为一组进行面试。面试中，考官给定假想情景和选项的详细信息，每位小组成员会得到指定的选项和相关材料。小组成员有 40 分钟讨论问题，申请人有 10 分钟左右的时间准备。申请人以小组为单位进行展示，需以合作的关系完成此次面试。以下为试题样本①。

① https：//www. gov. uk/government/publications/fast-track-assessment-centre-ftac-guide.

你方小组所在的部门将举办主题为“数字世界的数字化方案”的会议，主要目的是帮助文官更好地理解现在的数字化方案（如使用移动设备的社交媒体、运用程序为市民提供公共服务），分享其他组织制定并实施数字化方案的经验，促进文官的创新并提高行政效率。

会议主要围绕以下三点进行：（1）数字化方案的重要性，它带来了哪些价值；（2）数字化方案在文官应对当前与未来的挑战中发挥什么作用；（3）提高文官对数字化方案的认识，能够使他们在自己的业务领域以及日常工作中得到什么帮助。

会议在5个月后举办，持续2天，预计有500人出席。主会场每天进行两场以数字化方案为主题的演讲；供应商将在会场举办展览，推介他们的产品和服务。

会议期间将同时召开6个研讨会，参会者可任选一个或多个研讨会参加。此次会议由文官管理部门自行设计与组织，所需资金全部自筹（如收取赞助、门票收入等）。这需要我们努力争取参会者人数达到最多，同时尽可能减少食物、路费和住宿成本。

目前，你们有6项任务，分别是门票分配、场地、赞助、广告、会上发言、人员配备。部门负责人给你分配了其中的一项任务，并且无条件同意你们作为团队所推荐的选择。这6项任务中，有一部分需要花费资金，会议结束时你们要证明开展组织活动时花费的资金不超过预算资金。目前，已经有30家公司注册了会议的展览部分，并得到90万英镑的资金作为成本。

此测试的重点是你如何在团队中合作以实现任务目标。

在情境模拟面试中，要求申请人严格遵循测试设定的情境和规则，不得依赖外部信息或者事先准备的材料。申请人必须完全基于题目给定的内容和背景信息进行思考、分析并作出回应。这种面试设计旨在构建一个真实的评估环境，使每位申请人能在相同条件下展示实际能力。面试考官不少于八名，他们会得到一个详细的评分表（见表 2-10），然后根据评分标准和申请人的面试情况逐项打分。面试结束时，由评估员统一收回，并现场计算后公布面试成绩。

表 2-10　英国高级文官情境模拟面试评分表

<table>
<tr><td>申请编码</td><td colspan="3"></td><td>职位代码</td><td colspan="3"></td><td>备注</td></tr>
<tr><td>面试要素</td><td>口头表达</td><td>应变处置</td><td>统筹协调</td><td>责任意识</td><td>情绪控制</td><td>知识面</td><td>岗位匹配度</td><td rowspan="6">等级与分值区间
优秀（90—100 分）：语言流畅，内在逻辑性强，具有说服力；
良好（80—89 分）：语言流畅，表达清楚，逻辑性强，有较好的说服力；
基本符合（60—79 分）：语言较通顺，基本达意，有一定说服力；
未通过（0—59 分）：语言欠通，表达不清，逻辑混乱，不具说服力。
得分＝权重×等级分数</td></tr>
<tr><td>权重（%）</td><td>10</td><td>20</td><td>20</td><td>20</td><td>10</td><td>10</td><td>10</td></tr>
<tr><td>等级</td><td></td><td></td><td></td><td></td><td></td><td></td><td></td></tr>
<tr><td>得分</td><td></td><td></td><td></td><td></td><td></td><td></td><td></td></tr>
<tr><td>考生总分</td><td colspan="7"></td></tr>
<tr><td>考官评价</td><td colspan="7"></td></tr>
</table>

注：考官评价必须要有申请人的主要缺点和具体适合职位描述。

资料来源：英国政府网站。

（三）在线测试

进入 21 世纪特别是新冠疫情暴发后，英国的文官考试更多地采用在线测试形式。这种测试形式可以让申请人展示自己的优势，为招聘单位提供相对标准的客观评估，并确定申请人可以在哪个岗位发挥作用。基本流程是：在网站上公布职位的空缺情况——申请人在线选择职位——审核评估系统评价申请人是否胜任——在线测试——给出成绩。在线测试依托专门题库，题型多样，题量丰富，不仅包括数学、语言等传统测试题目，还包括工作问卷、电话访谈以及针对特定职位的技能测试等。为保证录用的公平性和严肃性，对考试过程进行全程跟踪记录。此外，英国政府还开发了情境模拟、工作展示、申请人评价、电子邮件提醒等一系列在线测试技术，便于政府各部门和行政执行机构在文官录用中运用。在线测试项目成功地将现代网络技术应用到文官录用中，突破了传统的文官考试模式，简化了考试程序，极大地提高了文官录用效率。

在线测试包括口语测试、数值测试、判断测试、管理判断测试、工作强度测试、服务测试、案例测试七大类。

1. 口语和数值测试

口语测试考查申请人识别相关信息并从书面信息中得出逻辑结论的能力，数值测试考查申请人计算、评估和解释数值信息以解决问题的能力。在口语测试中，申请人将看到一段文字，然后是一段陈述，他必须根据所提供的信息来决定该陈述是“真”、“假”还是“不能说”（见图 2-2）。

团队由8人组成，涵盖4个主题领域。在任何一天，至少需要一个人覆盖每个主题领域。团队成员中有3人是多面手，可以涵盖4个主题领域中的任何一个。然而，有5人专注于4个主题领域中的一个，不能涵盖任何其他领域。

请判断：多面手比团队其他成员接受了更多的培训。

○真

○假

○不能说

正确答案是“不能说”。文本中没有涉及培训数量。

图 2-2　英国文官口语测试试题样本

资料来源：https：//euauthoring. panpowered. com/DeliveryWeb/Civil_Service_Practice/4e488219-ec52-4c5f-9ea4-7110dfe23b2e.

在数值测试中，申请人将看到图形、表格或其他数字信息，然后是带有多个可能答案的问题。申请人必须确定哪个答案是正确的。在测试期间，申请人要回答一些问题，这些项目不计分，也不构成评估的一部分，但申请人对这些问题的回答有助于考官为未来的测试设计新问题。该项测试没有时间限制，但是大多数人每一项完成时间需要 15—45 分钟，而最终分数不会受到时间长短的影响（见图 2-3）。[①]

① https：//www. gov. uk/guidance/preparing-for-the-civil-service-verbal-and-numerical-tests.

阿尼尔上周加班，正在努力计算他将获得多少加班费。他每小时的薪酬是 12.61 英镑。周一至周五之间支付的加班费按小时计算。周六的薪酬是小时薪酬的 1.5 倍。周日的薪酬是小时薪酬的 2 倍。下表显示了阿尼尔上周加班的小时数。

日期	周一	周二	周三	周四	周五	周六	周日
加班时间(小时)	2	1	0	3	2	7	7

在纳税前，阿尼尔上周将获得多少加班费？

A. 277.42 英镑

B. 365.69 英镑

C. 409.83 英镑

D. 453.96 英镑

E. 510.71 英镑

正确答案是 C。

计算每种费率下的加班时间，并将其乘以小时费率。

1. 周一到周五的加班费：①2+1+3+2=8 小时 ②8×12.61=100.88 英镑

2. 周六的加班费：7×12.61×1.5=132.41 英镑

3. 周日的加班费：7×12.61×2=176.54 英镑

4. 总计：100.88+132.41+176.54=409.83 英镑

图 2-3 英国文官数值测试试题样本

资料来源：https://euauthoring.panpowered.com/DeliveryWeb/Civil_Service_Practice/5b0ad402-1854-438d-b46f-8616d7557a47.

2. 管理判断测试

管理判断测试是一种在线情境判断测试，它衡量文官对特定政务行为的判断和决策能力，这些行为对于匹配文官到合适的职位上至关重要。管理判断测试由两个部分组成，第一部分占总分的15%，是自我评估，考官会询问申请人在工作中的典型行为和偏好，申请人必须评估本人工作时的积极性和灵活性；第二部分占总分的85%，一般情况下，申请人只会看到与本人申请的工作职位相关的情境以及一系列可能的操作，并为每个操作提供有效性评级。[①]

申请人必须阅读与情境相关的材料，然后选择自己最有可能采取的一项行动和最不可能采取的一项行动。在测试中评估的管理判断质量在多个工作级别上是相同的。总共有15个情境，每个情境都包含4个要审查的操作。一些行为的情境以短视频的形式呈现，而其他行为的情境则以文本格式呈现。测试没有时间限制，但是大多数人回答一个场景需要2—4分钟。每道题前面都有提示和操作示例，因此不需要申请人有专业知识或经验。[②]

三、测评方法

在面试中，英国借鉴了企业管理中的人员测评方法，

---

① https：//www. gov. uk/guidance/preparing-for-the-civil-service-judgement-test.

② https：//www. gov. uk/guidance/preparing-for-the-civil-service-management-judgement-test.

不断提升测评的准确性。目前主要采用评价中心法和成功档案法。

（一）评价中心法

评价中心法作为一种高级的人员测评技术，在英国文官考试中发挥了关键作用。其最大特点在于模拟实际工作环境，通过精心设计的情境任务和互动环节对申请人的多维度能力进行深度考查，尽管实施成本较高且操作难度相对较大，但因其结论的可靠性而受到重视。

1. 无领导小组讨论。在此环节，申请人被分成若干小组，不分配具体角色，考官会给出一个具有挑战性的话题或任务，要求他们在限定时间内展开自由讨论，并最终达成共识，由小组代表向考官汇报讨论结果。这种方法的优点包括：真实模拟团队协作情境，让考官能够直观观察并评估申请人在真实工作场景下的表现，判断其是否具备胜任目标职位所需的综合素质；考察要素多元，涵盖了综合分析能力、组织协调能力、沟通表达能力、领导力、团队合作精神以及情绪控制等核心素质。但是，无领导小组讨论也存在一定的局限性：一是题目的设计比较重要，需要有足够的争议性和开放性，以激发深入探讨，否则难以展现考生的能力；二是对考官的要求极高，他们需具备精准识别和归类考生行为的能力，以保证评分公正合理；三是存在组间差异和环境因素的影响，可能影响到评价结果的准确性，因此需要严谨的操作流程和标准化的评分标准来减小误差。

2. 文件筐测验。文件筐测验是一种模拟日常管理决策过程的测试方法，申请人通常要在规定时间内处理一系列以信件、邮件或其他形式呈现的实际工作问题。其优势体现在：一是测试材料综合多样，涵盖了业务知识、法规政策、财务管理、人力资源、公关事务等多个领域，有助于了解申请人的专业素养和实践能力。二是通过申请人对各类文件的解读、分析、决策与执行，可直接反映出他们的决策能力、分析判断能力、时间管理和压力应对能力，以及组织协调和团队合作意识。不过，文件筐测验同样面临挑战：一方面，这种方法耗时较长，准备和实施过程中需要投入大量人力物力；另一方面，评分标准较为复杂，考官需要依据多个维度进行综合评判，加大了评估的难度和主观性。

（二）成功档案法

成功档案法旨在通过构建个性化的能力模型来衡量和选择比较适合特定职位的申请人。该方法摒弃了单一、狭隘的测评标准，转而关注申请人的多方面的能力、经验和潜力。

1. 多维度评估框架。成功档案法的核心是建立一个包含技能、知识、行为、潜力四个主要维度的能力框架。其中，技能涵盖了具体工作所需的专业技能与技术能力，知识包括对政策、法规和专业知识的理解掌握，行为侧重于考察申请人在工作中展现出来的沟通技巧、团队协作精神、决策能力等软性素质，潜力则是预测申请人未来在更高层次或更复杂环境下的发展可能性和适应能力。

2. 情境化评价。成功档案法采用了情境化的评价手段，如案例分析、无领导小组讨论、模拟决策任务、角色扮演等，让申请人置身于贴近实际工作的情境中展示其综合能力。这些情境设置可以反映出申请人在面对实际问题时如何运用所具备的知识、技能和行为特点解决问题。

3. 职位定制化。根据不同层级和类型的文官职位需求，成功档案法会为每个职位制定个性化的评估标准。这使得选拔过程更具针对性，从而录用到符合特定职位要求的人选。

4. 证据收集与验证。申请人需要提供翔实的证据材料以证明自己在各个维度上的表现，如学历证书、工作经验、项目成果、专业资格认证、推荐信、面试表现等。考官将依据这些证据进行深入审查，并对申请人进行评估。

5. 持续发展与反馈。成功档案法不仅应用于选拔阶段，还服务于文官的职业生涯发展。它有助于识别文官的优势和改进空间，指导个人职业规划，同时也有利于政府部门更好地管理和发展人才资源。

第四节　录用流程

英国文官录用流程是一个结构化且严谨的过程，旨在选拔出符合职位要求、具有专业能力和良好品行的文官。英国一般文官和高级文官的录用流程是不同的。

一、一般文官录用流程

英国录用文官严格按照流程进行，尽可能保证结果公开、公平、公正。

1. 职位需求分析与发布。考录委员会负责统筹规划和执行录用进程，明确各个环节的负责人、监督者和执行团队。文官委员会在录用过程初期即介入，主要对合规性进行监督。文官委员会聘请专业顾问机构深入分析职位需求并提出具体要求，制作详细的职位列表，包括职位名称、空缺数量、工作环境、申请条件等信息。为了适应不断变化的社会经济需求，英国政府近年来细化了职位描述，并有针对性地吸引数据科学家、程序员、经济学家、政策专家、项目经理、传播专家、私人助理以及具有特殊技能的专业人士加入文官队伍，还特别重视细化职位需求，经常是一事一议，如服务“脱欧”事务的文官等。

2. 制订并审批录用计划。英国中央政府和地方各级政府根据实际需要为每一层级、每一职位的文官录用制订计划，涵盖录用理由、人数、经费保障、主管部门、基本流程、监督机制等内容。计划需经过主管部门或地方议会同意，才能上报文官委员会、内阁办公厅和财政部审定，获得批准后方可启动录用程序。有时，中央政府部门和地方政府会根据自身需要，小规模、零散地录用文官，但也要有计划，内容和报批程序同上。

3. 明确录用标准。英国录用文官最起码的要求是英国国籍，少数特定岗位允许外国公民报名。除国籍限制外，对性别、经济背景、工作经验、学历、婚姻状况、宗教信仰等方面均有非歧视性的具体要求。尽管无硬性的年龄限制和最低学历门槛，但大部分职位对专业和学历有严格标准，如政府经济服务助理岗位，要求申请人有强大的定量分析能力、具备一定的写作和演讲能力、可熟练应用经济学技能，因此，要求申请人应为本科毕业生、必须获得学士学位，且具备第一或第二高等荣誉学位（即 60 分以上）。此外，录用文官对申请人的道德品质、健康状况也有相应的要求。近年来，英国政府需要越来越专业的人才加入文官队伍，并规定了详细的职位录用标准。例如，招录数据科学家，要求他们拥有数学或物理学博士或硕士学位，掌握出色的数学技能，能够熟练使用 Python、BASIC、SQL 计算机编程语言，熟练使用 Postgres、Scikit-learn、Neo4j 数据工具；又如，录用经济学职位，申请人不仅要具备很强的数学基础、了解完整的经济理论，还需要有一定的实操经历：先用一个暑假在欧洲核子研究组织实习，然后在下一个暑假去量化基金工作，第三个假期为初创公司编程。

4. 发布招聘信息。录用工作开始前，文官委员会在统一平台上向全社会公布信息，主要包括具体时间、进度安排、录用程序等，具体时间由考录委员会与文官委员会、内阁办公厅、财政部的负责人以及各部大臣共同决定，公布的时间信息应醒目、简单明了。在统一平台发布信息的同时，政府各部门或行政执行机构也会在当地和国家主流媒体、商业杂志以及职业网站上发布职位空缺广告，明确用人单位、工作职责、薪酬待遇、合同性质（长期或短期）等重要信息。录用广告需要说明用人单位（拟录用文官的政府部门或者行政执行机构）、工作职责、职位所在地和薪酬水平、属于文官长期合同还是短期合同。

5. 组织考试。申请人须经历初试和复试两个阶段，初试可能包括笔试、在线测试、初步面谈等环节；通过初试筛选的申请人进入复试，复试则侧重于笔试和面试，通过多种方式评估其综合素质。在考试过程中，考录委员会全程记录考生表现，为申请人提供反馈，也为可能出现的申诉做好准备。最终，考录委员会将整理每位申请人的考试总结报告提交用人主管审批，并通知申请人结果。

6. 拟录人员试用与转正。文官委员会确定合格人数，然后按照考试成绩高低，确定拟录人员名单。在拟录人员名单中的申请人可以按照成绩高低依次选择岗位，申请人必须接受文官委员会的工作安排，并且选择岗位的权利只保留到 25 岁。如果 25 岁还未被录用，那就会被除名。一般情况下，申请人被录用后有一年的试用期，期满后由政府部门负责人进行考核，如合格，政府部门负责人会致函文官委员会，表示接收该申请人；如不合格，则请其离开。离开后，文官委员会也会对该申请人进行考核，评定认为可以继续留用的，就安排其他岗位继续实习；评定不合格的取消拟录资格。申请人在试用期内如果表现极度不佳或出现了重大错误，经人事主管部门批准，可以适当延长试用期进行考查。

7. 记录存档与信息公开。考录委员会必须完整地记录录用过程，并至少存档 12 个月。保存的资料包括但不限于广告投放、宣传文案、申请人简历、打分记录、评分机制以及相关的资料文件等。文官委员会有权要求政府有关部门或行政执行机构公开关于录用的记录和总结，并对需要公开的信息作出详尽解释。

二、高级文官录用流程

英国高级文官录用流程严谨、规范，由文官委员会统筹并严格遵循相关法规进行。

1. 职位审批与公告发布。政府相关部门需将拟公开竞争的高级文官职位报文官委员会、内阁办公厅和财政部审批。文官委员会在录用过程中发挥监督作用，以保证整个流程符合《文官录用法》和《高级文官录用指南》的各项规定。审批通过后，政府会在国家统一平台以及各大主流媒体上发布信息，涵盖空缺职位的工作期限、所需专业背景、工作经验、特定技能要求以及薪酬待遇等内容。

2. 录用考试。分为初试与复试两个阶段。首先是对申请人的资格审查，筛选出符合条件者进入面试阶段。通常情况下，按照一定的比例（12%—15%）筛选出初步合格者参加面试，并进行心理测试、小组讨论、案例分析或写作能力考核等多种形式的综合评估。每一职位最终确定3—4名表现优秀的拟录人员进入高层面谈环节，与心理学家和报考职位所在的政府部门或行政执行机构负责人进行深入交谈，以考查拟录人员的综合素质。

3. 反馈与淘汰。在每个筛选环节中，被淘汰的申请人有权了解落选原因，主考的政府部门有责任提供详尽的解释说明，保证选拔过程公平、公正。

4. 资格审核。鉴于高级文官的职位特点，许多职位仅录用拥有英国国籍的公民。因此，在正式录用前，所有申请人必须通过严格的国籍审核。

5. 素质评价审核。英国政府颁布的《高级文官录用指南》明确了高级文官的素质框架，涵盖目标导向、个人影响力、战略思维、激励他人、持续学习与改进、执行力六个关键维度。[①] 每个维度都制定了详细的评判标准，包括有效行为和无效行为清单，为高级文官的录用、评估、培训以及绩效管理提供了依据。由于高级文官责任重大，很多职位只容许英国公民担任，因此，高级文官在任前需通过健康、国籍等审核。

① Civil Service Commissioners. Civil Service Commissioners' Guidance on Senior Recruitment (Fourth Edition), http: //www. gov. uk.

第三章　英国文官考核激励制度

英国文官考核激励制度强调的原则是公开透明和按绩择优，考核的内容不仅包括工作成果和业绩指标，还涵盖职业道德、团队协作能力、沟通技巧、领导力以及持续学习和发展潜力等多个维度。英国政府通过制定详尽的文官行为准则和考核标准，定期对文官进行考核，形成了规范化的流程体系。考核结果直接与晋升、薪酬调整以及职业发展关联。英国文官考核制度为了不断适应社会变革和技术进步的需求，适时引入了新的考核方式和工具，如数字化绩效管理平台等，以增强考核过程的科学性和准确性。

第一节　发展历程

英国文官制度自诞生以来，始终注重对文官的考核与激励机制的建设。初期，考核方式相对简单直接，文官考核和晋升主要依赖于资历，遵循按资排辈的原则，导致效率低下，人才资源未能得到充分利用。随着社会发展对文官不断提出新的能力要求，英国逐步形成了新的文官考核激励制度。

一、初创形成时期（19世纪中期至20世纪中期）

英国文官制度建立初期，文官晋级主要按资排辈，这种做法虽然稳定有序，但晋升途径单一，容易导致人才优劣不分，机构冗员充斥，行政效率低下。1854—1870年，英国政府开始注重对文官工作实绩和才能水平的考核，并逐渐推行基于年度逐人逐项考核的方式来决定文官的奖励与晋升。尽管这一改变标志着英国文官考核激励从单纯依赖资历向注重能力转变，但相关制度仍不够成熟，如考核标准不统一、量化指标不明确等。

为解决上述问题，到1920年，英国地方政府都建立了专门负责文官考核和晋升的委员会，意味着英国首次形成了正式的、专门针对文官绩效考核和职务晋升的管理机构。1926年，英国政府推出了标准化的绩效考核报告制度，要求在考核过程中收集可评价、可量化的资料作为证据，使考核结果既合理又具备说服力，并根据不同职位的特点制定相应的考核细则和报告格式。这一系列改革措施极大地提升了英国文官考核体系的专业性和准确性，为后来更深层次的文官制度改革奠定了基础。

二、持续完善时期（20世纪中期至70年代末）

20世纪六七十年代，英国文官制度面临从工业社会向信息社会转型以及全球化带来的挑战，原有的考核激励制度需要变革以适应时代需求，为此，富尔顿委员会推行了一系列重大改革措施。

1. 构建专才展示平台。改革着重强化了为具备专业才能的文官提供展现其才干的机会和渠道，使优秀人才能够在合适的岗位上发挥效用。

2. 疏通专才晋升通道。改革打破了以往按资排辈的传统晋升模式，建立了更灵活且基于实际工作表现的晋升机制，使得具有突出能力的专才能更快地进入高级职位序列。

3. 增加功绩权重。在晋升决策中更加重视文官的实际工作业绩，体现功绩对于晋升的决定性作用，尽可能达到“论功行赏”、激励文官提升工作效率和质量的目的。

4. 破除年龄限制。废除了对优秀文官晋升的最低年龄限制，体现了对能力和成绩的尊重，进一步拓宽了文官的空间。

5. 设立主管考核晋升的职能部门。为了加强对文官考核与晋升工作的统一管理和指导，成立文官委员会，负责人由首相直接任命，以保证该职能机构的地位和权威性。

6. 建立标准化的考核评价制度。推动建立了三等级考核评价体系，要求政府各部门根据国家标准并结合自身业务特点，制定出可量化的考核评价标准，这有助于提升考核体系的科学性和公平性。

7. 细化考核报告等级。进一步提高考核评价报告等级之间的差异度，将考核结果划分为 A、B、C、D、E 五个等级，使不同等级的文官能够得到与其工作表现相匹配的评估。

通过上述改革，英国文官考核激励制度逐步从传统体制过渡到现代化、专业化的体制，促进了“论功行赏”原则在文官晋升过程中的落实。

三、深入改革时期（20世纪70年代末至今）

20世纪70年代末，英国政府由于机构膨胀、冗员增加、财政超支，引起民众的强烈不满。1979年的民意调查表明，民众对政府管理的满意度仅为35%，不满意度却达54%。撒切尔执政后，大力引进企业管理模式，不断探索政府部门的绩效评估制度，针对文官个体的考核激励体系也不断完善。

1979年，撒切尔任命雷纳为政府效率顾问，领导内阁办公厅效率小组，调研政府部门的行政改革，拟定并推行高效率的行政管理方案。此次改革提高了政府绩效和成本意识，约束了文官的权力，削减了文官的数量。

1980年，撒切尔政府建立了大臣管理信息系统。1988年颁布的《伊布斯报告》提出实施“下一步行动方案”，把文官考核的权力由国家文官管理部门下放给政府其他部门。方案明确规定，由于英国文官所在的政府部门职能各异，文官担任的职务各有不同，因此政府各部门对文官考核的内容也不要求相同；制定的能力考察规则要适用政府各部门和各层级的文官；对文官的专业能力考核，由政府各部门根据职位分析提出相应的考核要素框架。

撒切尔政府之后的历届政府继续探索和完善考核激励制度（见表3-1），加大文官能力建设。2003年，英国政府开发了专业能力框架，运用现代管理方法界定文官必须具备领导力、核心技能、专业技能、广泛的经验四类能力要素。2012 年，英国政府结合环境的变化，颁布《文官制度改革计划》，将专业能力框架修订为战略、人员和绩效三类能力集群。

表 3-1　1979—2012 年英国文官考核激励制度改革项目和文件

改革项目和文件	开始时间
效率评审	1979 年
大臣管理信息系统	1980 年
财务管理新方案	1982 年
“下一步行动方案”	1988 年
“公民宪章”运动、“竞争求质量”运动	1991 年
基本支出评审	1993 年
《文官制度:延续与变革》白皮书	1994 年
《文官制度:推进延续与变革》白皮书	1996 年
全面支出评审、整体政府/联合政府	1997 年
《政府现代化》白皮书	1999 年
专业能力框架	2003 年
能力评估方案	2005 年
《文官制度改革计划》	2012 年

一系列的能力建设和考核激励制度改革，不仅增强了文官解决问题和提供公共服务的能力，而且可以帮助政府化解财政危机、管理危机以及信任危机。

第二节　考核体系

英国文官考核制度起始于对文官的简单直接考核，后逐步演变成为一个多维度、体现“论功行赏”原则的体系。

一、考核原则

在应对职能和业务环境的变化时，英国文官管理部门制定了相关原则，使文官考核制度能够保持稳定性和连续性，并有效引导文官队伍的发展。

1. 重视工作实绩原则。工作实绩作为可量化、可比较的评价依据，在文官考核中占据重要位置。尽管道德素养、职业操守以及责任意识等软性素质同样重要，但由于其难以量化，因此在实际考核过程中，更倾向于将工作实绩作为评判文官能力的主要标准。功绩考核制摒弃了以工龄、资历和社会背景为晋升基础的传统做法，转而强调对文官实际工作成果的考量，将其与职务晋升、薪酬调整和奖惩机制直接挂钩。

2. 公平、公正、公开原则。在进行考核时，英国文官管理部门保证考核标准基于职位要求，不受个人出身、学历、性别、职位等级或党派关系影响。同时，考核过程坚持透明化操作，允许文官了解并反馈考核结果，设立举报渠道以保障考核的公正性。

3. 以考促改、持续改进原则。考核不仅是评估文官工作表现的过程，更是推动文官个体和整体队伍不断提升、改革和完善的重要手段。通过跟踪监督机制避免考核流于形式，将考核结果转化为提升公共事务管理效能的动力。通过考核促进文官与职位要求的精准匹配，有效激发文官的工作积极性和创新精神。

4. 政治中立原则。在考核过程中不涉及政治思想、政治倾向等非业务因素。为此，文官考核通常由文官管理部门负责组建专门的考核小组执行，禁止政党人士介入文官考核的具体操作环节，从而保证考核过程的纯粹性和客观性。

二、考核内容

考核制度是英国文官管理体系的核心机制，其目标在于推动文官遵循国家政治制度和政策导向履职尽责，并通过考核标准来塑造符合时代需求和国家发展目标的行政官员。因此，考核内容既要涵盖对文官专业技能、工作效率、工作成果等要素的评估，也要包括对日常考勤、职业道德、团队协作、沟通协调等综合表现的考察。

1. 能力考核。作为考核的核心组成部分，着重于考查文官在履行职责时所需的关键能力素质，这包括但不限于专业知识底蕴、专业技能运用、分析决策能力、创新思维、沟通协调技巧以及团队领导力。此外，还关注文官在危机应对、公共服务意识以及政策执行力等方面的表现，旨在识别和培养具备解决复杂问题能力、适应不断变革环境挑战的高素质文官。2012 年公布的新的专业能力框架不再仅仅关注工作结果，而是更加强调对文官个人能力和素质的考核与培养。新能力框架由三类能力集群构成：一是战略能力集群，侧重于长远规划和决策的能力，包括纵观全局的能力、改变和提升的能力、有效决策的能力；二是人员能力集群，关注人际交往与团队协作能力的培养，包括领导与沟通的能力、协作与合作的能力；三是绩效能力集群，聚焦于实际工作效果与服务质量的优化，包括素质持续提升的能力、促进商业繁荣的能力、提供物有所值服务的能力、管理优质服务的能力、高效执行的能力。

2. 工作业绩考核。通过对文官实际完成工作任务的数量、质量、效率以及效果进行客观衡量，以评价他们在执行政策方针、提供公共服务、管理各类项目等方面的实际表现和贡献程度。

3. 道德品质与行为规范考核。考核文官在日常工作中是否严格遵守职业道德准则，是否保持廉洁自律、公正公平的工作态度，是否体现出高度的责任感和公共服务精神。同时，文官在维护政府形象和赢得民众信任方面所起的作用也是考核的重要内容。

4. 日常考勤与纪律性考核。对文官的基本工作纪律进行严格的监督和考核，涵盖出勤情况、请假记录、迟到早退等细节，使每名文官都能遵守基本的工作规则和管理制度，从而保证政府运转的有序性和稳定性。普通文官每周的工作时间为 37 小时（伦敦地区为 38 小时）。伦敦地区高级文官每周工作时间不少于 41 小时，其他地区文官不少于 42 小时。英国《文官管理法》规定，政府各部门有权决定本部门文官的假期安排和上下班时间，但前提是必须对部门文官假期和出勤作详细的记录。

5. 持续学习与发展潜力考核。鼓励文官保持终身学习的态度，不断优化自身知识结构和丰富专业技能储备，以适应社会进步和技术发展的需求。主要考察文官是否具备自我提升的能力，是否能够根据未来职务升迁或角色转变的需求调整个人发展规划，从而挖掘和发展其长期发展潜力。

6. 反馈与改进机制。构建开放的反馈渠道，鼓励上级、同事和下级对文官的工作表现提出意见和建议，通过综合考核结果为文官制订个性化的个人发展计划和职业成长路径。这一机制旨在推动文官积极回应反馈信息，持续不断地改进和完善自身工作方法和绩效表现，最终促进文官的整体素质和服务效能提高。

三、考核方法

英国政府考核文官一般采用行为锚定等级评价法，这是一种融合了量表法与关键事件法优点的先进绩效评估体系。具体来说，行为锚定等级评价法首先列举了一系列典型的工作情境或任务完成情况，并为每种情境或任务设立了从低到高的多个评价等级。对于每个等级，都用实际发生的特定行为作为“锚点”，来界定该等级所代表的行为水平。例如，在处理复杂问题、作决策、团队管理以及公共关系等方面的表现，均被细致地划分为A、B、C、D、E五个等级，分别对应不同的行为表现层次和贡献度。英国政府运用这一系统性的考核方式，能够更准确地评估文官在面对重大事件、执行特定任务，或者在日常管理活动中展现出的关键能力、职业素养及其重要成就。这些行为锚定的标准不仅包括定量的数据指标，也涵盖了定性的行为特征，有助于促进文官个人的成长发展，同时也有利于优化整个文官队伍结构，提高公共服务效能。行为锚定等级评价法各等级的行为描述见表 3-2。

表 3-2　行为锚定等级评价法的行为描述与对应等级

行为描述	等级
发现充足的正面证据，没有或者很少有缺陷和负面证据。总体而言，有很好的绩效表现	优秀/卓越（A 级）
发现较多的正面证据，虽然有一些负面证据，但是轻微的或偶尔的，在任何情况下正面证据远超负面证据。总体而言，有良好的绩效表现	良好/高效（B 级）
虽然发现一些正面证据，但负面证据也不少。总体而言，绩效表现是可接受的	满意/达标（C 级）
发现较少的正面证据，负面证据远超正面证据。总体而言，绩效表现一般	需改进（D 级）
很少发现正面证据，基本上都是负面证据。总体而言，绩效表现无法令人满意	不合格（E 级）

基于这一方法，英国衍生出三种具有代表性的评估类型。

1. 内阁办公厅式分级评估法。英国内阁办公厅设计了一套全国适用且具有普遍意义的文官绩效评估标准，该标准将文官表现划分为五个级别，从一级至五级，分别是最出色、比较出色、能够达到圆满程度、需要改进和业绩不佳（不能接受）。上级管理者依据这一框架，在一年的工作周期内对被评估文官的实际工作成果进行细致考察，并根据其在各评估维度上的得分情况确定相应的级别。

2. 国家政府学院式分级评估法。英国国家政府学院采用了略有差异的绩效评估体系，共设四个级别，分别为杰出（超越目标要求标准）、高效（部分超出目标要求的标准）、有效（完全达成岗位目标要求）以及不佳（多方面无法达标需他人协助）。这种评估方式更加关注文官在特定环境下的实际贡献与成长。

3. 贸工部式分级评估法。相较于其他政府部门，英国贸工部对文官的绩效评价标准划分得更为精细，采用 7 个级别进行评估，分别是 1 级（杰出）、2 级+（较杰出）、2 级（超出工作标准）、3 级+（刚刚达标无失误）、3 级（达标但偶有失误）、4 级（未达标准）、5 级（不接受的工作表现）。虽然表面上看是 7 个档次，但实际上仍是以传统的 5 级标准为基础进行细化。

值得注意的是，不论何种评估方式，英国政府都强调每级评价必须基于客观指数和可量化的指标，而非单纯的主观判断。这种将模糊评价与量化指标相结合的方式，让文官考核体系既能兼顾文官个体能力的考量，又能使考核过程具有较高的透明度和信服力。

四、考核主体

英国中央政府和地方政府对文官的考核分别采取内设管理机构模式与组阁式评审团模式。

1. 中央政府层面。内阁办公厅设立了专门负责文官考核管理的机构——录用评估署，该署作为主导部门，与公共服务与科学办公室、文官专员办公室以及财政部等政府部门紧密协作。每年度的文官考核工作部署与安排由录用评估署下属的人事部门具体制定执行。实际操作中，政府各部门所属的人事部门承担对文官日常工作的具体考核任务，并且在涉及文官薪酬待遇等问题时，需与财政部、工会协商达成一致意见。

2. 地方政府层面。每年年底由一个多元化的评审团队负责地方政府工作人员的考核工作，评审团成员包括但不限于本部门最高行政长官、执行管理层人员、工会代表以及接受服务的民众（第三方评价者）。评审团负责考核过程的策划、监督、检查、复议等工作，考核报告由被考核者的直接主管撰写，旨在从多个视角反映被考核者的工作业绩与社会贡献。

这两种模式各有优劣，中央政府的内设管理机构模式强调了稳定性与执行力，能够更好地贯彻政府与管理层的战略意图，但在公开性和参与性方面可能有所欠缺；地方政府的组阁式评审团模式因其成员构成的广泛性，能较为客观公正地评判文官的工作实绩，显著提高了考核的公开性和参与度，但在组织结构稳定性和长期一致性方面可能面临挑战。

随着时代的进步与现代管理理念的发展，英国政府借鉴企业的先进经验，逐步引入 360 度反馈评价体系，打破了传统单一的自上而下的考核方式。新的考核方法不仅包含了上级主管、下属、同事之间的相互评价，还整合了服务对象满意度调查和自我评价等多元信息来源，旨在获取更加完整、真实、立体的文官绩效数据，从而推动文官队伍整体素质和服务效能的持续提升。

第三节　考核流程

英国文官考核既需要兼顾和协调错综复杂的利益关系，也需要得到利益相关方的普遍认可，还需要不违反法律规定和文官制度基本原则。

一、拟订考核报告表

由政府各部门的人事部门负责制定详细的考核报告表，包括但不限于被考核者的基本信息（姓名、单位、到任日期、职类、现任职务和职级）、职位相关资料（职位说明书、工作表现打分表，其中职位说明书需根据工作职责的重要性和时间比重进行详细排序和说明），以及能力分析、培训需求、岗位调整建议、晋升可能性、发展潜力评估等内容。上级主管在收到考核报告表后，根据文官的实际工作表现、考勤记录、能力考核情况等为其定级，并详细阐述定级理由。报告表须经过文官所在政府部门最高行政长官审批，再呈报至大臣予以核定发布。考核过程中，为文官提供了反馈申诉渠道，并要求其对最终评定结果签字确认。同时严格排除党派性和政治性因素干扰，保证考核的公正与客观。所有文件应制作两份，分别存档于政府部门和人事机构。

二、确定考核目标

英国政府采用目标管理方式设定文官的考核目标，鼓励自下而上的参与式目标设定，即每位文官在与上级沟通后共同确立年度目标。以高级文官为例，他们需与首相服务小组、内阁大臣等高层领导协商讨论，依据公共服务协议，通过研究论证来确定关键业务目标及其衡量标准、完成目标所需的关键能力和技能等。绩效协议内容包括个人信息、主要责任领域、量化的指标、实现目标的时间节点、完成工作的策略方法等，且要求目标能够准确反映政府部门年度核心业务要求，尽可能采取可量化形式体现。

三、实施年中检查

年初设定目标后，实施年中检查，以保证目标执行方向正确。直接上级与文官共同审查上半年目标完成进度，明确已完成任务的情况、目标实现程度，分析未能按时完成目标的原因，并针对未达标的任务商讨下半年改进措施。若发现既有目标超出年度履行能力或因政策环境变化需要调整，则及时修正目标。

四、开展年终考核

当考核周期结束时，文官首先进行自我评价，总结一年来个人目标完成情况、自身专业技能和能力的成长、完成目标的过程和成效，以及外界反馈等。随后，上级主管或考评委员会结合年度工作职责、工作目标，查阅平时成绩记录及其相关资料，对文官进行考核评价。考核结果经行政首长核实认定后，必须反馈给每个被考核文官。如被考核人对结果持有异议，有权向上级申请复议并提出合理解释。

对于高级文官群体，因其在政府职能履行中的关键作用，考核过程更加严谨。主管会与高级文官本人共同详尽地审核目标完成情况，对每个目标是否实现进行深度剖析，并考虑主客观原因。在高级文官提交自评报告后，主管将综合考量实际绩效数据与预期目标之间的差距，结合目标难度系数，给予未达标、达标、优秀等级的评价，并撰写正式考核报告。英国政府对高级文官的考核采取“绩效—潜力九宫格”模型（见表3-3），以评估其工作表现及其未来发展可能性。通过该模型，将高级文官划分为不同的组合类别，从而决定其最终评价是“未达标”、“达标”还是“优秀”。

表3-3　英国高级文官“绩效—潜力九宫格”模型

比较项	比较对象		
极有可能超越现有等级	**早期承诺者(4年以上)** 曾经作为高潜力者具有很强的影响,但在新角色上显得经验不足,是角色转换的标志;具有本格特征的人将在18个月内实现职级晋升,否则被降级	**高潜力者(1—3年)** 经常达到具有挑战性和高难度的目标,作为潜力者具有很强的示范作用;绩效水平持续提升,能适应变化,是公认的领导者	**当前绩效明星** 与同行相比已经脱颖而出;潜力得到有效开发,完全能胜任更高级别工作;是公认的成熟领导者和示范标杆

续表

比较项	比较对象		
有可能超越现有等级	**未来贡献者** 无论过去还是现在都有一定的能力表现，但不足以形成判断，绩效表现与预期具有差距，是角色转换的标志；具有本格特征的人不应待岗超过12个月	**稳定贡献者** 完全能胜任当前角色；绩效表现高于正常期望水平，并具有持续提升绩效水平和完成更艰巨、更复杂任务的潜力	**卓越绩效者** 绩效表现一贯优秀，并能提供卓越价值；符合领导者行为并起到示范作用；部分行为表现超出当前级别要求的水平
现有等级已是最好等级	**绩效不达标者** 绩效表现不一致或不完全有效；有能力差距或者行为有问题	**满意贡献者** 达到本级别所有绩效期望目标，展现了专业和领导能力，具有本格特征的人，两年多就会接受进一步考查	**优秀绩效者** 在当前级别和角色上受到高度认可；作为核心团队成员奉献了一贯优秀的绩效表现
考核结果	**绩效不一致或不达标**	**绩效完全达标**	**绩效表现卓越**

在完成对高级文官的考核后，主管会与被考核者进行面谈，双方围绕职责履行情况、绩效改进策略等议题交流意见，共同确认考核结果。之后，主管需将考核结果呈报给上级。上级将依据其中翔实的数据和信息，做出复评意见或指导性建议。复评内容包括但不限于是否需要制订个性化的绩效改进计划，如何将考核结果应用于薪酬调整、奖金发放决策中，以及为未来的管理和发展规划提供参考依据。整个绩效面谈过程严格遵循公正、公开原则，保证每名高级文官都能得到公平合理的评价和反馈。

为了使绩效考核更具区分度和针对性，英国政府还实施了一项针对高级文官的强制分布制度。根据绩效总分，将高级文官划分为高绩效、达标和低绩效三个等级：排名前25%的高级文官被评为“高绩效”，中间65%的高级文官被评为“达标”，而最后10%的高级文官则被归入“低绩效”范畴。

五、考核复议

英国文官如果对考核结果持有异议或认为存在不公正之处，有权依据相关程序提出考核复议申请。在提交申请时，文官需详细阐述具体理由和事实依据。

上级主管在收到申请后，将启动正式的调查程序，通常会组织一个独立的复议小组来审查争议内容，该小组会对原有考核报告表中的各项指标、证据材料以及考核流程进行核查。如果考核结果确实与实际情况不符，上级主管将要求文官的直接主管或其他相关人员重新评估并修订考核报告表的结果；如果确认考核结果无误，上级主管会与复议申请人面对面沟通，详细解释维持原考核结果的理由。

通过设立考核复议机制，英国政府旨在维护文官权益，保障考核制度的公平性和准确性，同时也鼓励文官关注自身工作表现。

六、监督规范

每年年终，英国政府会将考核指标、流程和结果在网上公开发布，以便全社会监督。考核过程中，英国政府通过多种方式鼓励民众对文官考核进行监督，以防止在关键领域出现内部人“护短”现象，杜绝监管漏洞。同时，政府部门每年都会根据实际情况调整更新考核内容，以使考核体系能够应对不断变化的社会环境与公共管理需求。

第四节　功绩激励与晋升制度

根据考核结果，英国政府推行了一套包含常规激励（续聘激励、薪酬激励、领导力开发激励）和核心激励（功绩晋升制度）在内的激励机制。

一、常规激励

1. 续聘激励

与文官签订续聘合约是一种认可激励。通常情况下，考核结果为“绩效表现卓越”，文官一定会被续聘；对“绩效完全达标”且被确定为主要贡献者的文官，也应续聘。但对于绩效排名靠后的10%的文官，主管在与其签订续聘合同之前，通常需要根据其领导潜力制定相应的改进措施，要进行新一轮的培训和学习。培训和学习一般借助英国国家政府学院的资源并结合政府各部门的要求设置课程，文官在规定时间内仍然没有达到规定的基本要求，就可能被降级或辞退；被评为优秀者，则恢复晋级晋档的资格。

2. 薪酬激励

英国文官考核结果与被考核者的薪酬密切相关。

英国文官薪酬结构层次分明，不同职等间存在较大的差距。例如，一般文官设有 21.5 个薪酬等级，而高层级文官则多达 29.5 个薪酬等级。通常情况下，每年考核合格，文官可晋升一个薪酬等级，要升至本职等的最高一级薪酬通常需要约 20 年的时间，这种机制有助于鼓励文官长期稳定服务。

为强化薪酬对文官工作积极性的激励作用，英国政府不断优化并改进现行薪酬标准与激励办法，着力减少各职等之间的薪酬重叠现象。其中，将引入薪酬脊柱制作为重要改革措施。在薪酬脊柱制下，每个职等内部由多个薪酬点组成，这些薪酬点取代了传统的单一薪酬等级，且在常规薪酬点之上增设四个额外薪酬点。这些新增的点并非单纯靠工龄获得，而是以年度绩效考核结果为基础综合工龄等多种因素取得。这样，正规薪酬系列与额外薪酬点相结合，构建了一个完整的薪酬脊柱体系，反映了绩效考核在薪酬激励中的重要作用。

以内阁办公厅和贸工部为例，两个部门针对绩效考核结果实施了不同的薪酬奖励政策。在内阁办公厅，当年评为一级的文官次年将加薪 1000 英镑，二级加薪 500 英镑，三级加薪 100 英镑，而四级、五级则无加薪；在贸工部，当年评为一档的文官次年可获 6%的加薪，二档加薪 4%，三档至五档加薪 2%，六档至七档不仅不能加薪，甚至可能面临解雇或辞退。

为了合理控制额外薪酬支出以及规范政府各部门发放标准，英国政府还制定了相关限制条例，规定政府各部门每年获取额外薪酬的官员比例不得超过 25%，并且每人最多只能获得一个额外薪酬点。

3. 领导力开发激励

英国文官考核制度比较重视个人绩效与领导力开发的结合。在年度考核评估中，不仅对文官完成既定目标的能力进行考查，还鼓励他们积极提升专业技能和综合素质。对于绩效相对落后的文官，英国政府通过提供个性化的培训和发展计划，帮助他们在原有基础上取得进步。领导力开发激励在高级文官群体中得到了特别关注。英国政府依托“绩效—潜力九宫格”模型，对高级文官的个人绩效和潜在领导力进行了挖掘和分类管理，为他们量身定制了有针对性的发展策略。例如，对高潜力区域的“公认的领导者”，政府会为其设定明确的职业发展目标，并强化相关的技能培训，助力他们在现有岗位上实现更大的突破，发挥出更高的领导效能；对尚处于角色适应期或态度认识有待提高的“早期承诺者”，则采取导师指导、团队协作、深化业务学习等多元化培养方式，使其转型并释放领导潜力；至于那些展现高绩效但潜力相对较低的“当前绩效明星”，他们通常已经在各自领域展现出较强的专业能力和影响力，除了继续肯定和激励他们的奉献精神外，还会鼓励他们担任内部讲师或导师的角色，分享经验和知识，以培训带动整个团队的绩效水平提升，实现工作内容的丰富化和个人价值的最大化。总之，对高级文官，都应该建立与本部门实际紧密联系的开发计划，通过开发他们的个人潜力来实现潜在领导力向现实领导力的转化。[1]

二、核心激励：功绩晋升制度

英国曾长期采用资历晋升制，这在一定程度上抑制了文官的工作积极性与创新能力。自20世纪中叶以来，功绩晋升制逐步成为主流，该制度强调以实际工作表现、个人能力、公开考试成绩来衡量和评价文官的晋升资格。虽然文官的考核结果并不能直接作为晋升的决定性依据，但能起到一定的参考作用。通常情况下，晋升标准会基于一定的积分或评分系统进行评判。对于考核优秀的文官，在寻求更高级别的职位时，除了拥有良好的考核记录外，还需参加专门设立的晋升考试。最终，文官委员会结合晋升考试成绩和历年的绩效考核报告进行综合评估，从中选出较为优秀的文官予以晋升。

（一）基本原则

英国功绩晋升制旨在构建一个基于公平、透明、能力和绩效评价的文官晋升环境，激发文官队伍的积极性和创新精神。

1. 公平竞争原则。所有文官在职位晋升上享有平等的竞争机会，不论其社会背景、政治关系或者个人出身，晋升主要基于个人的业绩、能力和潜力。

2. 能力为本原则。晋升文官时，注重评估其专业知

---

① 方振邦、冉景亮：《英国高级文官绩效管理实践及其对我国干部队伍建设的启示》，《探索》2015年第6期。

识、职业技能以及解决复杂问题的能力，而非单纯依据任职年限或学历背景。

3. 公开透明原则。晋升过程及其标准应对外公开，并通过规范化的程序进行，结果通常会在官方媒体或其他公开渠道公布，接受民众监督。

4. 公正性与非歧视原则。不允许任何形式的政治干预或不正当利益输送影响晋升决策。

（二）主要类型

1. 逐级晋升。英国文官体系中，最普遍的晋升方式是按照职级逐步提升，这是功绩晋升制的核心体现。通常情况下，4—6 年晋升一次，一名普通文官要晋升到高级文官的位置，大约需要 25—30 年的职业生涯积累和优秀表现。

2. 越级提拔。针对具有较高学历背景的行政见习官，通过严格的国家政府学院培训后，有机会实现越级晋升。这一过程虽然加快了晋升速度，但有严格的比例限制，越级晋升人员不超过整体晋升人数的 1/3，最快可在 2—4 年晋升到高级文官的职位。

3. 特别委任擢升。在特殊情况下，英国首相基于对文官的绩效考核、日常表现以及忠诚度考量，可越过文官管理部门设置的常规程序，直接任命最高级别的文官，如国家安全事务顾问、内阁秘书等。然而，这种特别委任的方式比较少见且数量有限。

（三）晋升程序

1. 普通文官晋升程序

在英国，助理次官以下级别的普通文官晋升通常由各政府部门负责，并通过各自人事部门具体操作。为避免大臣和常务次官的主观偏见对晋升过程产生影响，政府各部门普遍设有独立的晋升委员会，负责审查、推荐报告人选的晋升资格。

（1）职位空缺公告与申请。当出现职位空缺时，人事部门会发布通知，明确申请条件及其相关要求，鼓励符合条件的文官积极申报。

（2）资格审核与考核评估。基于英国文官制度的规定，主管每年都会对下属文官进行年度考核，包括工作业绩评定、能力素质评价等，并在考核表上注明是否适合晋升的意见。晋升委员会依据历年考核结果对申请人进行严格的资格审核。

（3）面试与综合评价。对于通过资格审核的申请人，晋升委员会将组织面试，考察其专业能力、沟通技巧、领导潜力等方面的表现，并根据面试成绩形成详细的书面评估报告。在此基础上，晋升委员会提出晋升意见和拟定晋升名单，提交给人事部门或常务次官审批。

（4）决定与任职。经过审批后，以大臣令的形式公布晋升人员名单，并签发任职命令，赋予新职位。最终，成功晋升的文官将在新的职位上履行职责。

2. 高级文官晋升程序

英国高级文官的晋升程序由管理和人事局统一负责，并遵循一套严谨的标准和流程。

（1）初步筛选。管理和人事局常务次官与首相共同根据拟晋升职位所需的资格条件以及申请人的历年考核结果进行初步筛选，提出初选人员名单。

（2）高级任用评选委员会面试考查。对初选人员，高级任用评选委员会组织面试，通过详尽的面试评估来判断其是否具备相应的领导能力和潜力。高级任用评选委员会依据面试成绩提出建议名单，并报首相审批。

（3）首相决策与任命。首相根据收到的建议名单作出最终的晋升决定。一旦确定人选，将以英国国王的名义正式任命。

高级文官的晋升与其年度考核结果紧密相连。例如，2013 年推出的“新文官胜任力框架”将领导行为分为有效与无效两类，并以近 50 个具体行为指标划分出 10 项关键胜任力，如全局观、创新能力、高效决策、领导沟通、合作建立、团队能力培养、商业成果实现、资金价值体现、优质服务提供以及快速反应能力。

（1）绩效评价维度。按照不同维度对高级文官的能力进行打分，每项能力最高可得 20 分，最低为 0 分。内阁办公厅通常将这些能力划分为 5 个等级（A、B、C、D、E），其中 A 级代表最出色，总分需达到 140 分以上；B 级为较出色，要求总分在 125 分以上；C 级达标，需要超过 100 分；D 级则表示需要提升，分数需高于 85 分；E 级为无法胜任，最低标准为 60 分以上。

（2）潜力评估。得分在 125 分以上的高级文官（A 级和 B 级），被视为具有较高的发展潜力和晋升优先权；而低于 100 分者（D 级和 E 级），则可能面临限制性发展。

（3）“绩效—潜力九宫格”模型定位。通过对高级文官在绩效目标达成情况和领导潜力两个维度的具体评分进行排序，将它们分别置于“绩效—潜力九宫格”模型的不同格子中，以便精准识别每位高级文官的特点及其所处位置。政府各部门可以根据“绩效—潜力九宫格”中每个组合的特点制定针对性的晋升策略和措施，从而提高晋升决策的精确度和有效性。

第四章　英国文官培训教育制度

英国文官的培训教育体系在塑造高素质文官队伍方面发挥着重要作用。英国政府不仅注重对个体文官进行专业化的成长培养，保证他们具备应对各种行政挑战的能力，而且在宏观层面重视维护文官制度整体运行的有效性和适应性。

第一节　演变历史

英国文官制度建立初期，对文官的培训教育未纳入政府的主要工作范围。20 世纪以后，随着文官队伍不断壮大，英国政府开始重视文官的培训教育。在功绩制的驱动下，各级各类文官都十分重视自身能力素质的提高，文官培训教育工作逐步走向成熟。

一、探索与确立阶段（17 世纪初至 20 世纪 30 年代）

英国对公职人员培训教育的历史可以追溯到 17 世纪初，例如，1613 年成立的海莱伯锐学校为前往东印度公司工作的人员提供了专业培训，培养了超过 2000 名官员，可视为现代英国文官培训教育的先驱。1855 年成立的文官委员会虽然负责监督文官事务，但未形成统一和规范的培训教育机制。

直到第一次世界大战结束后，英国政府对文官培训教育的认识才有了转变。1921 年，全国惠特利委员会先后提交两份报告，制定了一系列改进措施，包括联合高等教育机构为在职文官提供继续教育的机会、实施实习期培训计划等，这些提议得到了英国政府的认可和支持。

1924 年以后，英国政府部门成立了多达 30 个文官教育委员会，负责协调和推进本部门内文官的培训教育工作。此外，国家层面还设立了专业的文官进修委员会，开设一系列涵盖商业、文化、经济、地理、历史、哲学等领域的基础课程，旨在提升文官的基础知识水平和综合素质，而非单纯的专业技能培训，体现了英国传统上对于通才型文官的培养理念。

20 世纪二三十年代，除了政府主导的培训教育外，一些文官组织也开始自发开展各类培训教育活动和研究探讨。例如，文官和文员协会下的公共管理学会定期举办会议，会员们可在牛津大学或剑桥大学就文官职业素养与职业道德议题进行学术交流，并通过《公共管理》杂志发表相关论文，推动文官制度的改革和文官权益保障工作。同时，英国各大高校也积极参与文官培训教育事业，伦敦政治经济学院于 1927 年开办了专门针对政府部门文官的公共管理进修班，为他们提供进一步学习深造的机会。

尽管这一时期的文官培训教育主要局限在政府部门内

部，规模相对较小且不成体系，但它却为后续文官培训教育制度的建设积累了宝贵经验，包括从内部拓展到与高校合作、培训科目的细分以及按照不同级别文官需求定制培训内容等举措。

二、专业化和正规化阶段（20 世纪 30 年代至 60 年代）

第二次世界大战期间，英国文官队伍迅速扩张，使 20 世纪早期形成的非正式的、分散的文官培训教育机制在应对新的政治、经济挑战时显得力不从心。随着政府管理事务越来越繁杂以及知识技术更新速度的加快，社会对政府工作人员的素质要求显著提高，特别是对于技术性和专业性的文官培训教育需求变得更为迫切。

1944 年 4 月，英国财政部财务次官阿什顿主持的文官培训调查委员会发布了《文官培训报告》（又称《阿什顿报告》），该报告强调了文官培训的根本目标在于保证文官具备较强的业务能力和持续适应时代变化的方法调整能力。报告倡议加强对文官个人能力的培养，以提升行政效率，并为他们胜任高级职位和履行重要职责做好准备，尤其关注那些从事日常工作的文官的能力提升。报告建议成立专门的文官培训教育管理部门，在主要政府部门设立培训教育官，负责本部门内部的文官培训教育工作。英国政府采纳了《阿什顿报告》的建议，于同年 12 月率先在财政部设立针对政府部门文官的专业培训教育司，标志着规范化的文官培训教育制度的初步建立。此后，一系列基于该报告的文官培训教育制度改革得以推行。

1945 年，英国政府进一步强化了文官培训教育体系，在若干核心部门任命了培训官，明确其任务是制订各级文官的培训教育计划并组织监督实施。同年，英国政府出台新规定，要求所有新入职文官必须接受为期三个月的初任培训。这一系列举措使得英国文官培训教育制度步入规范化、常态化的轨道，但当时尚缺乏针对全类别、全职级文官的专业培训教育机构，仍主要依赖政府各部门自行组织的培训教育。

1946 年，英国政府在财政部内设立了职能更加明确的培训司，其作用在于分析并决策如何统一满足全国文官的培训需求，同时对政府各部门的培训活动提供顾问和协调服务。1958 年，英国议会通过《雇员培训法令》，首次从法律层面规范了文官培训教育工作。1963 年，为了适应文官特别是高级文官培训教育的发展需求，英国政府在伦敦成立行政管理研究中心，旨在提高文官特别是高级文官对经济学理论的掌握程度，其培训内容主要涉及经济理论、英国的经济形势等。此外，该中心还在伦敦摄政公园专门组织政府各部门年轻文官参加为期六个月的学习和培训。[①] 此后，英国政府规定，政府各部门副司（局）长级文官就职第一年，均须到行政管理研究中心接受为期三周的涉及政府结构相关内容的培训，任职第三年还要接受为期 12 周

---

① Malcolm McBain. Interview with Andrew Bache，http：//www. chu. cam. ac. uk/archives/collections/BDOHP/Bache. pdf.

的涉及经济学、统计学和管理技术等相关内容的培训。[①]

行政管理研究中心的建立推动英国文官培训教育体系的形成，包括主管机构（财政部培训司）、主管官员（政府各部门培训官）以及实施机构（行政管理研究中心）。

三、变革和创新阶段（20 世纪 60 年代至 20 世纪末）

自 20 世纪 60 年代起，英国政府开始在文官培训教育中设立“自动数据处理”课程，强化文官对计算机使用技能的培训教育。

1964 年，英国政府颁布《工业培训法》，规定了文官培训的机构设置、网络构建、方式和类别划分等。

1968 年，《富尔顿报告》提出英国文官培训教育体系存在六项主要问题。为此，英国政府启动了新一轮的文官制度改革。根据报告建议，文官培训教育事务转由新成立的人事培训司统一管理，取代原有的财政部培训司职能，以适应时代发展需求。

1970 年 6 月，英国文官学院成立，旨在通过提供专业化的培训教育、咨询和研究服务，提升文官在经济、统计、人员管理、社会和公共管理等方面的知识与技能。文官学院设立伦敦、森宁戴尔和爱丁堡三个分中心，1971 年 1 月正式开课。英国政府每年投入约 2000 万英镑作为培训教育

① Kevin Theakston. The Civil Service Since 1945, Oxford University Press, 1995, p. 87.

经费，而文官学院所承担的培训量占到当时英国文官总培训量的 5%。《富尔顿报告》的发布以及文官学院的创立，标志着英国文官培训教育制度基本完成了专业化的转变。然而，初期的文官学院在定位上更偏向于通识教育，侧重理论知识传授而非实际操作能力培养，与普通大学的培训教育模式差异不大。在认识到这一局限性后，1981 年，文官培训教育的管理权限分散至内阁办公厅、财政部、政府各部门人事机构等。

20 世纪 90 年代后期，高级文官（包括常务次官、次官、副次官、次长、司长或局长、助理次官等）的培训教育工作统一由内阁办公厅集中管理，而中、初级文官的培训教育则继续由政府各部门自行管理。

1999 年 6 月，英国政府在内阁办公厅下成立了集研究、培训、咨询于一体的管理与政策研究中心，专门负责完成对高级文官更具针对性和实效性的市场化培训任务。同年，文官学院并入该中心，开始在服务理念、指导思想以及运作模式上进行深层次变革与创新，以期更好地适应 21 世纪对文官素质的新要求。

四、全球化和信息化阶段（21 世纪以来）

随着 21 世纪全球化和信息化时代的到来，英国政府深刻认识到文官培训教育体系必须与时俱进以应对新的挑战。2001 年，英国财政部对文官队伍面临的问题进行了分析，并确定了五个亟待解决的关键领域：高级管理人员培训和开发的需求、什么是不正确的管理和领导技能、在人员管理和培训方面存在的错误认识、为什么政策和制度不能得到有效贯彻、如何防止人的思维和工作的僵化。

2004 年，英国政府发布《政府文职机构改革——作为与价值》白皮书，提出了改革文官培训教育制度的具体建议，旨在重塑文官队伍的整体素质和能力结构。2005 年 6 月，国家政府学院成立，专门负责文官的培训教育任务，提升公共服务水平和效能。

2010 年以后，英国政府实施了基于能力框架的文官能力建设战略，标志着文官培训教育体系的重大转型。新的文官教育学院逐步取代国家政府学院，致力于提供更为通用和灵活的学习与发展服务。该学院设计了一套课程体系，涵盖五个领域的学习内容(见表 4-1)，使文官在日益复杂的全球环境中具备履职所需的知识和能力。

表 4-1　英国文官教育学院开设的主要课程情况

课程名称	学习内容
文官之路	文官履职的必备知识和基本技能，如对文官的理解、大臣级意见书的写作
文官的领导	提升领导能力，如通过“领导人谈领导力”课程实现经验共享
管理潜能开发	各个方面管理能力的训练，如团队建设、流程控制、资源配置
核心技能	服务政府核心领域的专业技能，如战略思维、沟通和商业技能、财务管理、项目管理
专业技能	了解专业领域出台的规定，如卫生安全、工作机会平等方面的规定

资料来源：英国政府网站。

2014 年 4 月，英国政府颁布《文官：培训与发展》，为文官提升学习、申请“快速通道”发展计划和加入专业网络等方面的技能给出了详细的培训教育建议。①

2017 年 9 月，英国政府建立文官领导力学院，以加强文官的知识、技能、网络和专业实践的发展，侧重于将整个文官系统的领导者聚集在一起，分享经验和专业知识。②

2020 年 6 月，为减少新冠疫情对文官培训教育的影响，英国外交、联邦与发展办公室的贸易政策和谈判学院开展了“专家深度潜水计划”，截至 2022 年 4 月下旬，该计划分配了 151 个名额，实现对海外专家的访问。③

2021 年 1 月，英国内阁办公厅、文官人力资源部联合发布《更好的培训、知识和网络：政府技能的新课程和校园》，该报告推出了新的“政府技能和课程单元”，为文官创建“政府校园”和新课程计划。“政府校园”将文官的培训教育统筹起来，不管是集中提供还是由其他人设计和提供，有助于破除文官获得学习的障碍；新课程计划设置五个框架，即公共行政基础知识、政府工

---

① https：//www. gov. uk/guidance/training-and-development-opportunities-in-the-the-civil-service.

② https：//www. gov. uk/government/collections/civil-service-leadership-academy.

③ https：//www. gov. uk/government/publications/the-new-curriculum-and-campus-for-government-skills/better-training-knowledge-and-networks-the-new-curriculum-and-campus-for-government-skills.

作、领导和驾驭、专业技能、相关领域的知识。①

2021 年 3 月，英国政府颁布文官加速发展计划，旨在培训具有较大潜力的文官，为最高级和最关键的文官职位建立强大而多样化的通道。该计划由五个子计划构成：未来领导人计划，针对六级和七级文官的跨政府培训教育计划，采取教授学习和自我展示相结合的方式，借助线上线下研讨会、“行动学习包”以及团队合作训练等形式开展培训教育；少数民族人才发展计划；高级领导人计划；高潜力发展计划；个人发展计划。②

2022 年 4 月，英国政府网站开放“政府领导力学院”学习平台，主要对高级文官开展培训教育，兼顾一批具有较大发展潜力的中级文官，形式以线上为主。③

第二节　类别与内容

英国文官培训教育是一个综合性的终身学习体系，旨在不断提升文官的专业素质和服务效能。

一、培训教育类别

英国文官培训教育类别主要体现在六个方面。

---

① https：//www. gov. uk/government/collections/the-government-campus-curriculum.

② https：//www. gov. uk/government/publications/civil-service-talent-management/civil-service-talent-management.

③ https：//www. gov. uk/government/organisations/leadership-college-for-government/about.

1. 职前培训教育。新入职的英国文官在正式上岗前，会经历一套集中培训流程，涉及行政理论、法律法规框架、公共部门道德规范以及核心工作技能的学习与实践操作。此阶段旨在使新文官具备公共服务基础知识和胜任职位所需的基本能力。

2. 在职培训教育。针对全体在职文官，英国政府强调终身学习理念，要求所有文官每年至少投入五个工作日用于自身职业长远发展的进修课程，这可能包括专题研讨会、在线学习或实地考察等多元化形式。此外，文官有机会参与工作见习、轮岗交流、跨政府部门合作项目以及各种正式的职业发展培训课程。内阁办公厅还鼓励文官通过借调至私营部门或社会组织的方式获取多元经验和拓宽视野。

3. 晋升预备培训教育。对于有潜力晋升到高级职位的文官，特别设计了针对性强的高级管理课程，内容涵盖战略规划、领导力培养、复杂决策形成等高级行政管理技能，使他们能够应对更高级别职位的挑战。

4. 专业序列培训教育。根据不同政府部门和职能领域的特殊需求，提供诸如经济政策分析、法律实务操作、外交策略研究、信息技术应用开发等一系列专业化深度培训，提升文官的专业素养和业务处理能力。

5. 后备力量培训教育。这一层次的培训瞄准具有高发展潜力的优秀文官，将他们纳入专门的高层次人才培养计划。这类培训注重提升综合素质，包括领导力、战略思维、创新能力以及解决复杂问题的能力，为培养未来的高级文官和政策制定者奠定基础。

6. 重点专项培训教育

（1）实习生培训教育。英国政府在高校毕业生中选拔优秀人才，设立实习生培训计划，为不同专业背景的应届毕业生提供进入文官系统的机会。针对缺乏实践经验的人员，实施暑期多元化实习项目和早期多元化实习项目，旨在提前培养其解决实际问题的能力和熟悉业务流程。其中，“快速通道”学徒项目为有学历要求的毕业生或虽学历不高但能力突出的年轻人提供了进入政府部门工作的直接途径。该项目设置了至少两年的结构化培训，涉及政策、业务、商业、数字数据、金融、项目交付等多个领域，以适应社会经济发展的需求。成功完成该项目的实习生有机会申请进入毕业生“快速通道”发展计划，在政府核心部门进一步提升自身竞争力。

（2）转岗与轮岗培训教育。对于在职普通文官，尤其是高级文官群体，英国政府注重转岗和轮岗培训。由于大部分文官长期任职直至退休，因此在职位调整时，需要进行针对性的专业学习和培训，以便他们能够迅速适应新职位并发挥作用。

（3）高潜能开发培训教育。为了支持文官系统的持续改革与发展，英国政府还特别设立了面向司（局）长级和部分副司（局）长级文官的高潜能开发计划。该计划周期为三年，旨在发掘具有领导潜力的文官，通过提供一系列定制化的培训课程和支持服务，帮助他们在职业生涯的关键阶段提升领导力、战略思维和服务效能，以备将来胜任更高级别的职位挑战。

二、培训教育层次

英国文官培训教育体系涵盖了从新入职行政实习员的基础技能培训到高级管理职位的领导力提升课程。

1. 行政实习生培训。针对新入职的初级文官，通常在实习阶段（1—2 年）结束后，安排其进入国家或地方指定的培训或教育机构进行 4—5 个月的集中学习。这一阶段的培训教育旨在使新进文官掌握各类公共管理基础知识与技能，包括但不限于政策分析、宏观经济理解、法律法规应用、行政管理实践、统计方法运用、财务管理原则、人力资源管理策略等核心课程。

2. 高等执行文官进修。对于已晋升至高级管理层级的执行文官，进一步提供针对性更强、层次更高的专业发展培训。此类培训关注于提升战略思维能力、创新领导力、复杂问题解决技巧以及对新的政策趋势和国际关系等方面的洞察力，使他们能够在更高级别职位上执行并制定政策。

3. 高级文官研修。专为副司（局）级以上高级文官设计，该层次培训教育往往采用研究生级别的课程体系，包含理论研究与实战演练相结合的方式。部分课程更是为有望晋升至正司（局）长级别的高级官员量身定制，旨在丰富其宏观视野、深化专业领域知识，并锻炼驾驭全局的能力，从而更好地胜任高级决策者的角色。

三、培训教育形式

英国文官培训教育一般分为线下和线上两种形式，21 世纪特别是新冠疫情暴发以来，英国政府大幅增加对线上培训的投入，线上培训教育平台与资源得到广泛应用，如远程视频教学、互动式在线课程、虚拟研讨会、数字化模拟练习等，使得文官可以在任何地点通过互联网接入完成培训教育内容。

（一）线下培训教育

1. 部内培训。这是政府各部门根据自身职能需求，自主设计并实施的专业化、针对性强的培训方式。这类培训通常针对部门内部的具体专业领域或职位群组进行，保证培训内容与实际工作相联系，且培训较为集中，有利于短时间内提升专业技能和业务能力。对于规模较小的单位或职组，英国政府还创新设立了“小职组和教员”培训模式，以培养能够为这些小型团队提供内部培训的人才。

2. 部际培训。这是一种跨政府部门的培训方式，由多个政府部门共同组织策划，旨在解决具有共性需求的专业知识和技能训练。它可以按照专业化方向，如设立部际打字培训中心对政府各部门的打字员进行统一培训；也可以按照非专业化但层级相对一致的方向开展通用培训，从而提高资源使用效率，促进跨政府部门的交流与协作。

3. 委托培训。英国政府通过签订合同，将一部分中、高级文官的培训委托给高校、研究机构等。这种做法既解决了政府部门培训资源有限的问题，又能使文官接触到更系统、专业的课程内容。

4. 工作培训（学徒制）。工作培训在英国被称为“学徒制”培训，尤其适用于新入职文官。这种培训形式是在实际工作场景中，由经验丰富的文官指导新手处理各类公务，帮助他们迅速熟悉工作环境、积累实战经验。每个文官在这种体系下既是当前岗位上的工作者，又是教导下级的新手“师傅”，同时也会向上级学习，形成“三位一体”的角色转换机制。虽然工作培训能有效传承经验和保持团队和谐，但也可能因缺乏系统性和规范性而需要恰当引导和管理。

5. 调任培训。通过在不同政府部门之间调动或借调文官，使其能够在不同工作岗位上轮换，以此增加实践经验，适应多元化的职责要求，并接受考验。自富尔顿改革后，英国内部设置了一些可供多学科背景人员填补的“试验性岗位”，鼓励各职类、职组间的文官相互流动，增强整体行政效能。

6. 选择培训。文官个人根据职业发展和个人兴趣，利用业余时间自主选择参加与工作相关的进修学习和技术培训。政府对此类培训教育持支持态度，不仅承担部分学费，还建立了学习假制度，允许高级文官利用假期进修或者开展研究，如攻读学位，研究城市管理、环境保护等问题，其间薪酬照常发放，视为公差考勤。

7. 专题研究与学术交流。英国政府鼓励经验丰富的文官组建学术性团体或学会，对当前和未来可能出现的行政工作问题进行深入的专题研究和可行性探讨。例如，管理与政策研究中心整合了专题研究、文官培训以及研究成果的应用推广三大功能，目前拥有超过一万名成员。该中心每位成员都承担一项专门的研究任务，并定期（如每年两次，在牛津大学或剑桥大学等知名学府举办）组织研讨会，发表论文，确定新的研究课题。此外，该中心还发行国际性的《行政管理》季刊，面向全球分享研究成果，有力地激发了文官学习研究的热情。

8. 国际合作与联合培训。英国文官委员会为本国公民竞争欧盟机构职位提供支持服务，包括推荐参与欧洲学院设立的硕士课程项目，这些课程旨在为毕业生开辟通往欧盟工作的通道。同时，英国政府与欧洲学院紧密合作，为英国文官定制设计了一系列专业培训课程，涵盖了政治与行政管理、经济学、法律以及人力资源管理四大核心领域，以增强文官处理跨文化、跨国界事务的能力。

（二）线上培训教育

目前，英国文官线上主要的培训教育渠道集中于政府官方网站下设立的文官在线学习平台、“政府校园”菜单式在线培训平台、“政府领导力学院”的网络课程资源等。

1. 文官在线学习平台

文官在线学习平台是专门针对文官群体的线上培训教育平台。该平台通过提供丰富多样且高度定制化的学习内容组合，满足不同文官的学习偏好和职业发展需求。其课程包括预习材料（如阅读资料、视频教程等）、实时或录播形式的虚拟研讨会，以及结合工作实际的线上实践活动，使文官能够将所学知识较快地转化为工作能力。为保证培训质量与效果，每门上线课程都会经历严格的开发流程，包括前期调研、课程设计、内部试讲、学员反馈收集等多个阶段，并根据一套完善的评估质量标准体系进行反复测试和优化调整（见表4-2）。[①]

① http：//www. gov. uk/government/collections/civil-service-learning.

表 4-2 英国文官在线学习平台培训教育项目一览表

项目	内容	对象	时间
基本技能	1. 与服务对象沟通：通过书面、电话和面对面的方式学会沟通技巧	从行政官到高级执行官	
	2. 学会处理投诉的本领：积极有效地处理投诉		
	3. 起草复杂文件：拟制表述清晰、结构合理的文件		1 天
	4. 提出建议和撰写简报、实用手册：与大臣成功合作		
政府优先事项	1. 管理承包商：掌握管理供应商的原则		1 天
	2. 运行小型项目：有效领导和交付小型项目		1 天
	3. 无意识偏见：掌握克服偏见和更具包容性的技巧		半天
	4. 使用互联网工具：提升数字技能		
	5. 政策顾问经济学：了解自身对政策领域的经济影响	六级和七级文官	3 天
领导和管理	1. 经理工具包：增强与同事互动时的信心		
	2. 变革领导者：在领导变革时激励和吸引他人	六级和七级文官	1 天
	3. 变革领导者：在领导变革时激励和吸引他人	高级文官	1 天
	4. 建设性对话：积极和成功地解决绩效问题	从执行官到高级执行官	1 天
	5. 领导力神经科学（大师班）：发挥大脑潜能，做到最佳表现	七级文官至高级文官	1 天

续表

项目	内容	对象	时间
领导和管理	6. 有影响力的领导：领导力发展计划	高级执行官	4个月内学习5天
	7. 有目标的领导：领导力发展计划	六级和七级文官	9个月内学习9天

资料来源：英国政府网站，http://www.gov.uk/government/publications/civil-service-learning-most-popular-courses/civil-service-learning-our-pick-of-the-best-courses。

2. “政府校园”菜单式在线培训平台

文官可以登录英国政府网站，选择自己感兴趣的内容学习，如“公共行政基础”部分，可在线学习的内容有：数据分析和决策，向文官介绍、分析和呈现数据以作出决策；有效沟通，文官可以在线提高口头和书面交流能力，能够进行清晰简洁的演示并组织召开各类会议；信息技术，从使用电子邮件的基础知识到了解制表软件的高级功能，再到掌握创建数据透视表并进行数据分析。

在线学习一段时间后，文官可进行在线测评，成绩合格后，政府会颁发电子培训教育证书。获得证书的文官凭借所学新技能在参与跨部门、跨领域的合作项目时更加有竞争力。①

3. “政府领导力学院”学习平台

该平台是英国政府为了提升各级文官和公共部门负责

① https://www.gov.uk/government/news/strand-1-foundations-of-public-administration.

人的领导能力和专业素养而精心打造的在线教育与培训服务系统。该平台根据不同层次和职位需求，设计了一系列定制化的课程和服务。

（1）面向全体文官的基础与进阶课程体系。主要包括基础知识模块、个人效能、角色问责制训练、深入诊断剖析等课程。不同的文官可以从不同的课程中获得职业生涯不同阶段所需的技能和知识。例如，不熟悉线性管理的七级文官，可以从基础知识课程中受益；经验丰富的高等级执行文官，可以选择在从业者课程中提升技能；新入职的高级文官，可以参加个人技能课程学习，从而帮助他成为领导人。

（2）未来领导人计划。它是专为具有发展潜力的六级和七级文官设立的培训项目，旨在培养一批能够在政府部门中发挥关键作用的战略领导者。该计划采用跨政府合作模式，通过多元化、高强度的培训活动，加速文官的发展进程，促使他们胜任更高级别职位。

（3）高级文官入职培训计划。每年为大约400名新任正、副司（局）长级文官提供个性化、高效的入职培训。同时，对于那些通过内部晋升成为高级文官的人员，该计划也保证了小班化教学，每批最多20人，使受训者都能得到关注和高质量的培训体验，从而为他们过渡到新的领导岗位做好准备。[①]

---

① https：//www. gov. uk/guidance/training－for－leaders－in－the－civil－service–and–public–sector.

四、培训教育内容

英国一般文官和高级文官的培训教育内容差异较大，目标要求也不同。同时，为了促进文官的职业生涯持续发展，还会有定期的复训、职业发展规划指导以及个性化的进修计划。

（一）一般文官培训教育内容

英国一般文官培训教育体系致力于打造一支既具有扎实业务能力又富有创新精神、能够应对不断变化的社会需求的文官队伍。

1. 专业技能训练。针对文官日常工作的实际需求，提供与其职能密切相关的专业知识、技术与技能培训教育。这一部分旨在巩固和提升文官在各自岗位上的专业素养，从而改进工作效率和服务质量，包括但不限于法律法规、政策解读、专业技术操作、行业标准更新等内容。

2. 管理能力培养。随着公共行政角色的演变，文官不仅需要执行具体任务，还需要具备良好的管理才能来协调多方利益、解决冲突并推动组织目标实现。为此，英国国家政府学院为高级文官设立了为期六周的中级和高级管理课程，涵盖公共行政理论、人力资源管理实践、社会政策分析、行政科学原理、统计方法应用、运筹学优化策略等综合知识，以增强其领导力和管理效能。

3. 智能与决策训练。智能训练强调文官作为独立思考者和创新行动者的角色定位，以提高文官对复杂问题的独立分析、深度探索并制订创造性解决方案的能力。英国政府专门为各级文官设置了为期四周的管理与发展项目，通过案例研究、模拟实战和互动研讨等形式，教授资料分析技巧、战略思维运用以及参与政策制定和执行的具体方法。

4. 组织适应性培训教育。针对新入职文官，英国政府特别设计了组织适应性培训教育环节，目的是帮助他们迅速熟悉政府部门的整体架构、工作流程和规章制度。每位新录用的文官都会获得一本《新文官手册》，该手册作为他们在职场初期的导航工具，详尽介绍了政府部门结构、职责划分、工作程序以及职业行为准则等方面的内容。

（二）高级文官培训教育内容

英国政府不断优化高级文官的培训教育内容。近年来，英国文官领导力学院推出了一系列开放研讨会课程，共计六大专题，每个专题的学习时长约为 2—3 小时，致力于提升高级文官的战略决策、高效沟通、包容性领导以及应对复杂挑战等方面的能力。

1. 立法替代方案研讨（3 小时）。该课程专为高级文官设计，旨在培养他们在面对政策实施时探索创新思维方式和非立法手段的应用能力，以节省政策执行的时间、成本和资源。高级文官将在课堂上学习如何构思和阐述无须立法支持的政策实施方案，并理解洞察力在政策制定过程中的重要作用，掌握在实际工作中应用立法替代策略的方法。

2. 高影响力沟通研讨（3 小时）。该课程聚焦于增强高级文官的个人魅力与沟通效果，帮助他们更好地塑造自身形象，成为更有影响力的领导者。在该研讨中，高级文官将深入了解构成个人影响力的各个要素，包括如何根据不同人群的特点构建个性化的存在感，通过真实的情感交流建立联系；学习如何恰当地运用个人魅力影响他人，在各种社交场合下控制情绪，以热情洋溢而又有力的方式传达观点。

3. 包容性领导研讨（2.5 小时）。该课程探讨高级文官如何营造一个让所有人都能感到被接纳、尊重的工作环境，并挖掘自己及其团队成员的潜能。通过培训，高级文官将学习如何识别并消除工作场所中的不包容现象，进而推动组织文化的多元化和包容性建设。

4. 引领挑战时代系列研讨会（6 小时）。这是由 3 个虚拟研讨会组成的课程系列，包括“在充满挑战的时代发挥最佳领导力”“激发领导者灵感思维”“颠覆式领导”，着重强调在动荡时期保持团队的安全感、凝聚力和工作效率的重要性。每个研讨会历时 2 小时，通过实例分析和互动讨论，引导高级文官深入思考并演练如何在危机环境下实现有效领导。

5. 复杂性领导系列研讨会（7.5 小时）。该课程包含“挑战时代的领导心理学”“打破集体思维定式”“利用复杂性思维处理突发事件和危机”3 个主题，主要培养在压力情境下作出明智决策的领导素质。每个研讨会用时 2.5 小时，通过理论讲解与案例研究相结合的方式，使高级文官学会应对各类突发性的挑战。

6. 系统领导力研讨会（4 小时）。该课程分为两个部分。第一部分，高级文官探究系统的本质及其运行模式，理解如何从动态的角度去认识公共管理系统；第二部分，课程转向探讨实现系统变革的具体方法和策略，结合现实案例分析系统领导在实践中的具体含义。整个课程旨在深化高级文官对系统领导力的理解，指导他们在复杂的公共管理领域发挥更高效、更具有前瞻性和整合性的领导作用。[①]

第三节　保障机制

英国政府建立一系列体制机制，使文官在职业生涯各阶段都能得到相应的培训教育。

一、法律保障

英国政府为保证文官培训教育的有效性和严肃性，出台了一些法律和规章制度，如《文官管理法》《文官：培训与发展》《人力资源的开发与管理宪章》等。

（一）《文官管理法》

《文官管理法》明确规定了文官接受培训教育的权利和义务，特别是对于“快速通道”发展计划中的文官，要求相关政府部门在招聘和入职阶段就承诺提供培训和发展机会。具体措施包括但不限于：必修的入门课程，旨在帮助新入职文官迅速适应角色；详尽解读“快速通道”发展计划评估中心提供的个人发展报告，以指导其职业成长路径；根据当前和未来政府需求制订个性化的长期发展计划，包含必要的专业技能提升和高级文官所需的能力培养；推动直线经理积极参与文官的职业发展规划，提供适时的指导

① https：//www. gov. uk/guidance/core-leadership-development.

和支持；每年享有至少15天的离岗进修时间；工作岗位轮换制度，每个职位工作时长一般为12个月，涵盖运营实践、服务对象互动、项目管理和人员管理多个领域；提供跨政府部门交流学习的机会，至少在政府部门工作3个月以上；不论是否晋升，都有权完成完整的培训和发展计划。[①]

（二）《文官：培训与发展》

《文官：培训与发展》是英国为规范和促进文官职业发展而制定的一项重要法规，它在五个关键领域对文官的培训和发展作出了具体且详尽的规定：技能与能力培养方面，推出"迎接变革的挑战：文官能力计划"，强调要优先强化文官在数字技术应用、商业运作理解、项目管理和变革领导力四大核心领域的专业素养；学习与发展资源方面，支持并提供多元化学习平台和资源以助力文官职业成长，包括电子学习工具、在线教育资源以及实体课堂课程；专业网络建设与参与方面，设立涵盖政府通信服务、经济服务、金融、法律等在内的25个专业网络，大部分向政府部门、机构乃至非部门公共机构的所有工作人员开放；"快速通道"发展计划申请方面，高级执行官以下级别的在职文官，经过公平公开的竞争选拔程序被录用后，具备申请此计划的资格；符合条件的合同工通过竞争程序选拔和试用期评估后也可申请；无学位但薪酬等级符合英国税务海关总署规定的T级范围内的文官，可以申请通才类以及其他特定方向如外交服务、议会大厦管理、科学与工程、外交经

---

① https://www.gov.uk/government/publications/civil-servants-terms-and-conditions.

济、金融、商业、政府通信服务、人力资源等职位的发展计划。

二、质量保障

为了提高文官培训教育从业者在战略规划、执行操作和个体技能等方面的专业化水平，英国政府委派人事与开发特许协会推行“培训实践证书”认证项目，主要对独立培训师、培训管理者、从事培训与开发工作的专业人员以及培训主管等进行相关培训，培训内容涵盖现代培训基本理论、培训需求分析方法、培训效果评估策略、培训方案设计艺术、培训方法论与实践。

三、机构保障

参与英国文官培训教育机构较多，包括政府部门内设培训机构、国家级培训部门、高校以及社会组织等。

（一）政府部门内设培训机构

政府部门内设的培训机构占据较大比重，主要针对本部门业务特性和专业技能进行有针对性的培养。例如，英国财政部下设的培训司，其主要任务是根据组织发展战略、实际工作需求以及员工能力现状，设计并实施针对性的内部培训项目。此类培训注重理论与实践相结合，旨在短期内快速提升文官的专业技能水平和工作效率。

（二）国家级培训部门：国家政府学院

作为专门为各级文官提供培训服务的部门，国家政府学院注重原则性、基础性和宏观性的课程设置，尤其面向新录用的文官提供基础培训。学院拥有由 110 名正式员工和部分雇用人员组成的团队，致力于为政府行政改革提供智力支持。针对高级文官群体，学院重点强化九项核心能力的培养，包括领导力、战略思维能力、执行力、人力资源管理能力、沟通技巧、财务管理能力、个人素养、创新能力以及判断力，并对每一项能力设定量化指标，以此衡量高级文官应具备的基本素质、技能和资格。法律规定，新入职的文官必须在国家政府学院接受为期 2—3 天的能力测评，学院依据测评结果分析每位文官的能力强弱分布，从而为培训需求分析和个性化培训计划提供依据。学院采用模块化、菜单式与个性化相结合的培训形式，课程结构灵活且独立，开设涵盖政策与政府、职业发展、个人成长、管理与商业技能、公共部门职业技能等八大类别的培训项目，包含约 500 门短期课程，课程长则一周左右，短则两三天甚至半天，培训地点可灵活选择，既可以在学院也可以在学员所在单位或其他适合场所。

（三）高校和社会组织

由于国家政府学院每年仅能培训约 3 万名文官，远不能满足文官多元化、多层级的培训需求，因此英国政府鼓励高校和社会组织开展文官培训教育，其中高校逐渐成为重要机构。例如，伯明翰大学的公共政策学院设有地方政府研究、城市与乡村研究、卫生服务管理和国际发展研究四个系，为文官提供针对性较强的公共政策工商管理硕士课程，吸引大量文官参加培训，既有来自本土警察和卫生系统的在职文官，也有来自中国、俄罗斯、法国、德国、印度等国家的学员。

四、资金保障

在法律规定方面，英国政府将文官培训教育经费作为国家行政管理总经费的重要组成部分，每年投入占国家行政管理总经费的比例不少于3%，这一比例被明确规定并纳入年度财政预算中。在预算划拨方面，政府部门的年度拨款中必须包括内部的文官培训教育经费。政府通过合理的预算分配机制，使政府各部门拥有足够的资金来开展文官培训教育，从而促使政府各部门积极主动地承担起提升文官素质的责任。在经费实际支出方面，统计数据显示，英国政府用于文官培训教育的实际支出占到文官薪酬总额的5%左右。

第四节 “快速通道”发展计划

“快速通道”发展计划是英国政府为培养高级文官后备力量而设立的一项重要的人力资源开发项目。该计划旨在选拔和培训具有潜力的年轻人才，通过一系列严谨且具有挑战性的培训，使他们能够在较短的时间内晋升到政府部门的重要领导岗位。“快速通道”发展计划的申请人通常需要经过严格的筛选流程，包括书面测试、面试、评估中心的专业考核，以保证申请人具备优秀的分析能力、沟通技巧、领导力以及其他与公共服务相关的专业技能。一旦被录取，申请人将有机会在多个政府部门轮岗工作，获得广泛的职业经验，并接受定制化的课程培训，涉及政策制定、项目管理、财务管理等多个领域。“快速通道”发展计划周期较长，一般持续数年。

一、申请流程

1. 在线申请。申请人需要在指定时间内完成在线注册，并填写个人信息、教育背景、工作经验等相关资料。

2. 在线测试。测试包括但不限于工作方式问卷、多媒体情境判断问卷等，以评估申请人的认知能力、问题解决能力和决策能力。

3. 初步筛选。根据“快速通道”发展计划不同子计划的要求，可能需要提交附加信息或参与中间筛选过程，如数字测试、特定专业资格认证等。

4. 视频面试。通过初步筛选的申请人将进行视频面试，面试中包含对一系列预设问题的回答，着重考察申请人的领导力、沟通能力、适应性、创新思维、团队合作精神以及责任感等核心素质。

5. 在线评估。申请人被邀请参加半天至一天的在线评估中心活动，包括模拟真实工作环境下的小组讨论、角色扮演、案例分析以及书面报告等环节，评估申请人在实际工作中的表现和潜力。

6. 选拔委员会评审。绝大多数“快速通道”发展计划的子计划会由一个专门的选拔委员会进行最后的评审，只有满足标准的申请人才能进入最终名单。

7. 录用通知与入职。申请人一旦被选中，将在指定时间内收到录用通知，并在当年 9 月至 10 月间开始在政府部门内任职，开启其“快速通道”发展计划之旅。

二、主要内容

“快速通道”发展计划包括 15 个不同的子计划，每个子计划针对不同的政府部门和领域，如商业管理、数字化服务、外交与发展、人力资源管理等，申请人最多选择四个子计划。每个计划均提供定制化的培训课程、导师指导以及实践操作，使申请人在短期内成长，并有可能成为未来英国政府的中坚力量。这里简介三个较为重要的子计划。

1. 商业“快速通道”发展计划。该计划提供在多个政府部门和商业机构轮岗的机会，申请人通过学习并掌握商业运营、采购、供应链管理等方面的知识和技能，获得相关专业资格认证。在为期三年的时间里，申请人将在不同的政府部门和商业机构承担日益复杂的任务和责任，从基础职位逐渐晋升至具有战略意义的角色。

2. 数字、数据和技术“快速通道”发展计划。该计划旨在培养申请人在数字化、数据分析、信息技术、网络安全领域的专业知识和领导能力，使其能够引领公共部门的数字化转型。申请人将在各类项目中发挥关键作用，负责改善公共服务的交付效率和质量，通过跨部门合作推动政府技术政策实施。

3. 外交和发展“快速通道”发展计划。该计划着重为申请人提供国际关系、外交政策和国际合作方面的培训教育，以及在国内外不同岗位工作的机会，涉及政策研究、危机处理、谈判技巧等多个方面。培训教育过程中注重提升申请人的全球视野和跨文化沟通能力，使他们具备在复杂国际环境中履行职责的能力。[①]

① https：//www. faststream. gov. uk/all-schemes/index. html.

第五章　英国文官薪酬福利制度

英国文官薪酬福利制度兼顾了公平、效率、激励和稳定四个主要方面，被视为一个具有借鉴意义的文官管理制度。不过，随着时代变迁和公共管理理念的发展，该制度也在不断调整和完善中，以适应新的挑战和需求。

第一节　发展轨迹

英国早期文官薪酬福利主要与等级、身份挂钩。随着文官制度逐步成熟，绩效考核开始作为增减薪酬福利的重要依据。

一、等级定薪时期（17 世纪至 20 世纪 60 年代）

17 世纪至 19 世纪，英国文官薪酬制度深受传统等级观念和贵族文化的影响。这一时期的文官职位多为世袭或由社会上层人士担任，形成了一个以品位为基础的薪酬分配体系。这种体系下，不同级别的文官执行着不同的薪酬标准，而且这些标准往往与其职位本身的职责要求并不完全对应，更多地体现了当时社会的阶层分化。

英国现代文官制度确立后，英国政府逐步建立起文官选拔和考核机制，这为实现包括薪酬在内的各项权益平等奠定了基础。

进入 20 世纪，特别是第二次世界大战结束后的重建时期，英国政府进一步认识到提高公共部门效率和服务质量的重要性，对文官薪酬制度进行了改革。为使薪酬待遇既能反映市场经济条件下的劳动力价值，又能激发文官的工作积极性，英国政府推行了一系列举措，如设立定期加薪机制、将薪酬与工作表现挂钩等，并且更加注重内部公平性与外部竞争力。

1956 年，英国政府设立了文官薪酬研究所，该研究所承担了收集和分析私营企业与国家公职人员薪酬数据的任务，通过提供相关的数据资料，协助政府制定薪酬调整政策。尽管研究所本身并不直接参与决策过程，也不提出具体的薪酬调整意见，但它在完善文官薪酬体系方面发挥了一定的作用。政府的人事管理部门基于研究所提供的信息，能够更准确地把握市场动态，从而出台既符合市场规律又兼顾公共服务需求的文官薪酬方案。

二、考核定薪时期（20 世纪 60 年代至今）

1968 年之前，英国文官的人事和薪酬虽然名义上由财政部掌管，但执行起来却相当复杂：财政部主要负责本部门文官薪酬标准的设定与执行，而政府各部门文官的具体薪酬则自行决定。为实现统一高效的管理，1968 年，英国政府设立文官事务部专门负责文官薪酬事务，然而成效有限。1981 年，文官事务部裁撤，文官薪酬管理工作又重新回归财政部。

1996 年，英国政府开始直接管理一级至五级约 3000 名高级文官的薪酬事项，而对于五级以下普通文官的薪酬管理权限则下放给政府其他部门。

2002 年，英国政府将薪酬体系原有的九级精简合并为三级，并在每个薪酬等级内部设立低档、高档、奖金档和高奖金档四个档次，且不同档次间的薪酬增长率有所差异。

面对 2008 年全球金融危机，英国高级文官的薪酬福利在既有制度框架内维持稳定。2009 年，英国政府适度提高各级文官的基本薪酬标准，同时取消了自动累进政策，从而保证即使没有晋升，表现优秀的文官也有机会获得基本薪酬的提升。

自 2012 年年初起，一些政府部门鼓励高级文官通过私人公司形式领取薪酬，此举旨在使政府能够按照市场价值支付酬劳，而非仅限于公共服务费用，同时允许文官在税收和国家强制保险方面享受一定的优惠。政府采用灵活雇佣合同的方式，减少潜在的法律纠纷风险。

2014 年，英国政府明确，从 2015/2016 财年开始，废除文官系统内的自动晋档制度，打破薪酬增长与工作年限的关联，转而建立以绩效表现为导向的薪酬调整机制。

2019 年，英国政府取消了高级文官年度绩效奖金不得超过其薪酬 25%的上限规定。而在接下来的 2020 年和 2021 年，鉴于“脱欧”进程和新冠疫情的影响，英国政府临时提高了年内可奖励的高级文官人数比例上限，由原来的

20%上调至40%，以应对特殊时期的挑战并激发高级文官的工作积极性。

第二节　薪酬福利制度

英国政府在文官薪酬、福利等方面作出一系列制度设计，以满足文官最基本的生存需要，为其全身心投入公共管理和服务提供保障。

一、薪酬制度基本原则

英国文官薪酬制度遵循一套基本原则，旨在保证文官队伍的公正待遇、高效运作和长期稳定。

1. 竞争力与公平原则。保证文官薪酬水平与职位等级、工作职责、技能要求和市场价值相匹配，同时保持对私营部门相关职位的竞争力，吸引并留住高素质人才；实现男女同工同酬，无论性别，在相同职位上完成同样工作的文官均应获得同等报酬。

2. 绩效导向原则。薪酬体系紧密挂钩于个人和团队的工作绩效，通过定期考核评估决定薪酬调整幅度、晋升机会以及奖金发放等。宽带薪酬改革强化了绩效与薪酬之间的关联性，将职级档次、绩效评级与薪资增长直接联系起来，鼓励文官提升工作效率和服务质量。

3. 物价联动与购买力保障原则。为了避免通货膨胀带来的实际收入下降，英国文官薪酬与物价指数保持动态连接，适时进行调整以保证文官实际收入随物价上涨而相应增加。

4. 可持续性与财政责任原则。在设计和执行薪酬政策时，考虑公共财政的承受能力和民众对于政府支出透明度的要求，达到激发文官工作积极性与维护公共资金合理使用的双重目标。

5. 法定权益保障原则。文官享有国家法律规定的各类法定福利和休假权利，包括但不限于带薪休假、医疗保险、养老金计划、住房补贴、交通津贴等。

6. 透明度与参与原则。允许文官了解薪酬制定标准以及晋升通道，让每名文官都能清楚知晓自己的职业发展路径及其对应的薪酬预期。

由此可见，英国文官薪酬福利制度考虑到市场竞争力、绩效考核、经济环境变化等因素，且注重维持公共财政健康和社会期望值。

二、文官薪酬主要构成

英国文官的薪酬主要由基本薪酬、奖金和津贴补助三部分构成，且以基本薪酬为主、奖金以及各项津贴补助为辅。

（一）基本薪酬

1. 普通文官薪酬体系

英国普通文官薪酬体系是由政府专门设立的机构负责管理与调整，该机构主要为财政部下属的文官薪酬委员会。该委员会秉持的核心原则是：保证文官的薪酬既不会过多地增加公共财政负担，又必须具备足够的竞争力和吸引力，以维持一支高效、稳定且专业的文官队伍。因此，英国普通文官的起薪通常设定在高于社会平均水平的位置上。

（1）主管部门。英国财政部下设的文官薪酬委员会作为官方指定的独立机构，负责审议和制定文官薪酬政策。

（2）薪酬结构。普通文官的基本薪酬通常占其总收入的70%—80%，以满足其日常支出需求。基本薪酬按月等额发放，相对固定，但会随着每年例行的薪酬审查进行调整，一般通过年度调薪机制实现小幅增长，保证薪酬增长与生活成本和经济发展同步（见表5-1）。英国新入职的普通文官年薪大致为2万—2.5万英镑，经过4—5年的调薪，多数文官可望获得4.5万英镑左右的年收入，实际薪资还会因个人表现、职位升迁以及所在部门等有所差异。

表5-1　2019—2024年英国普通文官薪酬变化情况

单位：英镑

年份	行政助理/行政官	执行官	高级/资深执行官
2019	20230	25700	34400
2020	20500	26890	35110
2021	21050	27570	36030
2022	21380	27570	36410
2023	22520	28120	37830
2024	24480	29500	39940

数据来源：英国政府网站，https：//www.gov.uk/government/collections/civil-service-statistics。

（3）加薪政策。文官薪酬委员会根据一套评估体系，每年综合考量文官的工作态度、业务技能提升程度以及工作绩效等多方面因素来决定其年薪是否上调。若文官未能达到设定的绩效标准，则无法获得年度涨薪资格。英国政府定期会开展物价调查，使基本薪酬足以保障文官的基本生活需求和职业稳定性。在此基础上，政府通过集体讨论与个别议薪相结合的方式，出台详细的调薪方案，力求最大限度地降低由此产生的负面影响。不同职位和级别的文官，起薪的年增长率设置有所差异。值得注意的是，文官起薪的年增长率并非无限累增，通常有上限规定，如累积至25年后，其年涨幅将保持在一个固定的上限值直至退休。此外，能否实现起薪增长完全取决于个人的绩效评价结果，只有取得优秀的绩效表现才能获得薪酬的上涨。

2. 高级文官薪酬体系

高级文官薪酬体系属于竞争性薪酬体系，由基本薪酬和奖金构成，旨在吸引并保障高技能、高素质的专业人才投身于公共管理事业。

（1）主管部门。高级文官的薪酬标准和调整由一个独立且权威的机构——高级薪酬审查委员会负责。该委员会由英国政府任命，其职责包括对高级文官薪酬进行定期、严谨的审查与评估。委员会在制定和调整薪酬政策时，应考虑多方面因素，如国家吸纳顶级人才的需求、政府财政状况的变化、政府各部门工作绩效的表现差异以及不同地区的人才市场条件等，并基于这些综合分析提出具有前瞻性和可行性的建议供政府决策参考。

（2）薪酬结构。一是基本薪酬。作为高级文官薪酬的主要组成部分，其额度远高于普通文官，通常为普通文官基本薪酬的 2—7 倍，并且是计算养老金福利的基础。这部分薪酬相对固定，主要用于保障高级文官的基本生活需求和职业稳定性。高级文官薪酬增长比较缓慢，2009—2012 年高级文官最低薪酬都没有增加；新冠疫情暴发后，2021/2022 年度高级文官基本薪酬甚至被冻结，2023/2024 年度才提高最低薪酬，但最高薪酬却一直没有变化（见表 5-2）。

表 5-2　2020/2021 和 2023/2024 年度英国高级文官薪酬情况

等级	薪级	年度	最低值（英镑）	最高值（英镑）
副主任	1	2020/2021	71000	117800
		2023/2024	76000	117800
副主任	1A	2020/2021	71000	128900
		2023/2024	76000	128900
主任	2	2020/2021	93000	162500
		2023/2024	98000	162500
总干事	3	2020/2021	120000	208100
		2023/2024	128000	208100

资料来源：《关于 2023/2024 年度高级文官薪酬的从业者指南》以及提交给高级薪酬审查机构的政府证据，参见英国政府网站，https：//www. gov. uk/government/publications/guidance-on-the-senior-civil-service-pay-award-202324/practitioner-guidance-on-the-202324-senior-civil-service-pay-framework-html。

二是奖金。英国高级文官薪酬体系设有基于工作表现的一次性奖金机制。尽管与私营部门同等职位相比，高级文官获得的此类奖金数额通常较低，但作为激励措施，依然在政府部门内部具有重要意义。政府各部门会根据绩效考核结果对表现优秀的高级文官进行奖励，这部分奖金预算约占高级文官薪酬总预算的3.3%左右。年终奖通常是在年度考核结束后发放给排名前3%或特定标准的高级文官，奖金额度可高达1.75万英镑。统计数据显示，高级文官所获年终奖的中位数为9600英镑，占其年度基本薪酬中位数的9.3%。此外，政府各部门还可以在年度内临时设立奖项，以表彰个人特殊成就或突出贡献，每人每年最高可获得不超过5000英镑的额外奖励。然而，只有大约20%的高级文官由于达到严格的绩效标准而有资格获取此类年内奖励。内阁办公厅曾制定实施了一项“跨文官企业认可计划”，该计划每年拿出不超过高级文官薪酬总额0.1%的资金，用于奖励由常务秘书长提名的优秀高级文官，最高奖金可达1000英镑。①

（3）加薪政策。高级文官薪酬的增长并不总是线性上升，而是会根据宏观经济形势、政府财政压力以及特定时期的社会需求作出相应调整。2018年前，高级文官提高基本薪酬的一种方法是平级调换工作。为减少人事变动频率，这种方法现已废止。2018年后，高级文官无须晋升就可加薪，一是政府每年都会作出决定增加高级文官的级别薪酬，二是政府各部门可以选择部分绩效评级较高但级别薪酬较低的高级文官来加薪。

---

① https://www.gov.uk/government/publications/pay-reform-for-the-senior-civil-service.

（二）津贴补助

除了基本薪酬之外，英国政府还根据实际情况和工作需求为各级文官提供一系列津贴补助，包括但不限于地区差价津贴、岗位调动津贴、超时工作津贴、特殊技能或岗位津贴等。

1. 发放原则。依据国家经济发展水平、物价指数以及平均收入水平适时调整，使文官的实际生活水平不会因外部环境变化而降低。

2. 标准订立机制。英国文官的各项津贴补助标准并非完全由文官工会单方面决定，虽然文官工会在协商过程中扮演着重要的角色，代表文官群体同政府相关部门就津贴补助进行磋商，但最终津贴补助标准的确定需要经过双方共同谈判达成一致。每年在津贴补助发放前，工会都将与政府展开讨论，争取提高文官的津贴补助。若谈判未果，工会可能采取包括呼吁罢工在内的行动来表达诉求。

3. 具体项目和金额。英国文官的主要津贴补助项目是加班津贴。通常情况下，当工作时间超过规定的工作日时长（如超出 2 小时视为加班），文官可领取相当于其平时薪酬 1.5 倍的加班津贴。此外，还包括诸如针对不同地区生活成本差异支付的地区补助，对转任至艰苦地区或承担特殊任务的文官提供的转任津贴，以及对于具备特定技能或从事特殊岗位工作的文官所给予的额外技能或岗位津贴等。这些津贴补助具体数额由政府和工会根据实际情况共同商定，并随政策调整和市场情况进行更新。

三、福利待遇

福利待遇是英国文官制度中不可或缺的一部分，旨在保障文官的工作与生活质量，增强其职业稳定性，并吸引和留住优秀人才。

（一）工作福利

英国政府规定各级文官实行标准的每周 5 天、每天 8 小时工作制，即每周 40 小时的标准办公时间。尽管如此，许多文官岗位已采用弹性工作安排，允许在特定条件下进行远程办公或灵活调整上下班时间，以适应现代生活节奏和家庭需求。为了履行文官的家庭责任和保障个人生活质量，政府还提供了一系列配套设施和服务，例如，对于有子女的文官，在孩子入托看护、学校假期活动等方面给予适当的支持和便利政策，让文官能够更好地兼顾工作与家庭。

（二）假期福利

英国文官享有带薪休假的福利。病假期间，只要不超过 6 个月，文官可享受全额薪酬保障；年度休假根据工龄和职位等级来确定，一般情况下最低为每年 3 周，随着工龄增加可增至最多 6 周。在特殊情况下，如完成紧急任务时，文官还可申请“特种假”，同样享有薪酬照发的待遇，使他们在执行国家重要任务时无后顾之忧。对于女性文官，英国政府严格遵守产假权益保护法规，她们有权享受长达 3 个月的全薪产假，其间不得因怀孕或生育而被辞退或受到其他不利对待，以保障女性员工的职业发展权利和社会地位。此外，还有陪产假等相关福利措施，以体现对家庭价值的尊重和对性别平等原则的维护。

第三节　宽带薪酬制度

随着英国文官队伍的不断壮大以及文官职位分类的日益精细化，原有的僵化、等级分明的薪酬结构逐渐暴露出局限性，难以准确评估和体现文官的实际贡献，也不利于在效率与公平之间取得平衡。1995 年，约瑟夫 · J. 马尔托奇奥等专家将宽带薪酬的概念引入公共部门。2002 年，英国政府借鉴私营企业的管理理念，引入宽带薪酬制度，主要运用于高级文官。该制度不仅关注文官所处的具体职级，更重视个人实际工作成效和持续的职业发展，它允许在同一薪酬区间内根据文官的工作能力和业绩进行更为细致的区分，并据此提供相应的薪资调整，从而实现对文官价值的衡量与回报。

一、核心要义

宽带薪酬的核心要义在于打破传统的以职位层级为基础的薪酬结构，转而构建一个更宽泛、更具包容性和激励性的薪酬区间。

宽带薪酬制度将传统的多个薪酬等级整合为较少的几个宽带级别，每个级别之间的薪酬浮动范围显著增大。宽带薪酬的“带”即薪酬级别，“宽”则指薪酬浮动范围；宽带薪酬等级通常只有 4—6 级，同一等级的薪酬可能相差

2—3 倍。采用宽带薪酬制度的根本目标是简化薪酬等级，拉大薪酬差距，淡化职位，关注业绩，促使文官由关注职位层级转移到关注找到适合自己的职位，并在此职位上干出业绩。

在制定和执行宽带薪酬制度时，英国政府不仅根据国家的战略发展目标来设计相应的薪酬策略，使薪酬政策符合整体公共行政改革的方向，还依据不同职位的薪酬分布情况以及人才市场的竞争状况来确定合理的宽带设置。这样既有利于吸引和留住优秀人才，又能够保证财政支出的有效利用，实现公共部门人力资源管理和效率提升的双重目标。

二、基本特点

宽带薪酬作为推动英国文官组织结构扁平化在薪酬制度层面的关键变革，是一种创新的薪酬管理模式，具体表现为：减少薪酬等级，拓宽薪酬变动范围，组合不同薪酬等级。宽带薪酬打破了原有薪酬体系收入单纯与职位层级挂钩的硬性规定，使不同职位也可以对应同一个薪酬等级。

（一）弱化等级

传统的薪酬体系中，文官薪酬与职位层级紧密关联，导致政府部门内部竞争激烈，不利于形成良好的团队合作氛围。而宽带薪酬通过减少薪酬等级数量、拓宽同一等级内的薪酬变动区间，使不同职位的文官有可能获得相近的薪酬水平，从而弱化了对职位层级的依赖。这种机制鼓励文官以团队协作为导向，而非单一追求个人晋升，有利于营造和谐融洽的人际关系和提升组织整体效能。

（二）强调绩效

传统薪酬制度使文官尤其是低级别文官的薪酬增长空间受限，影响了他们的工作积极性。宽带薪酬则明确将绩效表现纳入薪酬评定的核心指标，在同一职位层级内根据工作绩效和个人能力进行薪酬调整。这一做法能够激发文官的工作热情，促使他们专注于提高工作效率和服务质量。

（三）灵活高效

宽带薪酬借鉴市场运营理念，根据文官的实际工作状况和组织战略需求适时调整薪酬策略，有助于普通文官感知到组织公平性，并提升对组织的认同感。同时，宽带薪酬降低文官对职务晋升的过分关注，引导他们聚焦于公共事务本身，提升自身业务能力和综合素质，从而在整个公共管理体系中发挥更大的综合价值。

（四）优化配置

在宽带薪酬制度下，薪酬与工作绩效挂钩，这使文官有了积极参与轮岗、挑战多元化工作任务的动力，他们会主动在多个领域提升专业技能，以获得更高绩效评价和薪酬回报。政府部门因此得以实现人力资源的有效开发和优化配置，避免人才资源的浪费，各领域的职能也能随着更多人员的流动和成长得到持续的充实和发展。

三、具体措施

英国政府主要在高级文官中施行宽带薪酬制度，并建立有关流程和办法。

（一）重组薪酬等级

英国政府按照能力素养、学历背景、业绩成就等评价要素，将高级文官传统的 9 个薪酬等级缩减为 3 个，每个薪酬等级内部设立低档、高档、奖金档和高奖金档 4 个档次。通过分析高级文官工作量、工作效率等评分，依分值排名。其中，具体工作量根据适用于高级文官的职位工作量级别评估程序决定，该程序综合考虑其财务责任、职位人数、专业技能和能力等要素。3 个等级的分值分别是 7—12 分、13—18 分和 19—22 分。为了体现灵活性，在这 3 个等级中，提供了一个可供选择使用的 1A 级，1A 级的评分范围是 12—14 分。政府部门可根据实际情况决定是否选择使用 1A 组。一旦选择，其他 3 个等级的评分也要作出调整以避免重合，即 4 个薪酬等级 1、1A、2、3，分别对应 7—11 分、12—14 分、15—18 分、19—22 分。每个薪酬等级都设定了上限和下限，以此保证各个等级的最高值和最低值变动率在 70%以内。[①]

（二）增加薪资层级弹性

宽带薪酬以薪酬档次、薪酬矩阵为基础，综合考虑补贴决定初始薪酬。发挥绩效作用，绩效高者获得高额薪酬，薪酬低者会被扣款甚至受到惩罚。薪酬增减依据职位分级、宽带内部档次和绩效考核等级确定。绩效等级分高级、中级和低级三级，高级薪酬审查委员会和受评高级文官的直接领导拥有绩效定级的权力，每个等级都控制在一定的数

① 胡卫：《英国高级文官薪酬管理制度改革的最新进展》，《社会科学》2004 年第 3 期。

量内，绝大多数高级文官分布在中绩效等级，极少部分高级文官会被评为低绩效等级：高绩效等级占评定人数的25%—30%，中绩效等级占到评定人数的60%—70%，低绩效等级仅占评定人数的5%—10%。

在评价过程中，高级薪酬审查委员会的评价相对公平合理，因为该委员会成员由政府各部门选派的代表组成。评价过程是：由部门直接领导初评，再提交给高级薪酬审查委员会，该委员会根据可量化的指标进一步核实和评定。直接领导初评与高级薪酬审查委员会核实和评定相结合，一方主观把握，一方客观分析，二者相互权衡和参考，最终形成高级文官薪酬增长率计算矩阵（见表5-3）。

表5-3　2021年英国高级文官薪酬增长率计算矩阵

等级和比例	低档	高档	奖金档	高奖金档
高绩效等级（25%—30%）	9%	8%	5%	4%
中绩效等级（60%—70%）	5%	4%	2.25%	2.25%
低绩效等级（5%—10%）	0—2.25%	0—2.25%	0—2.25%	0—2.25%

资料来源：英国政府网站，https：//www.gov.uk/government/publications/senior-civil-service-performance-management。

（三）专业机构评估

为了保证宽带薪酬制度有序运转，英国政府成立了专业薪酬评估机构，主要负责对宽带薪酬进行调整。该机构组成人员为高校人力薪酬专业教授，他们通过分析薪酬增长率计算矩阵、薪酬档次、绩效等级等方面的评估报告，对文官薪酬体系的修改和完善提出建议。其中，职位价值评估是重点（见表 5-4），基本要素包括职位规范和归类，职位价值因素的研究和开发、归总和级别的定义、权重匹配，确定价值因素的分数价值，职位价值模型规范与应用。①

表 5-4　英国文官职位价值评估因素的权重分值标准

序号	职位价值系统因素	权重 A	分值 A	系统因素子因素	权重 B	分值 B
1	对政府部门的影响	40%	400	1. 基本影响	60%	240
				2. 成长促进	40%	160
2	解决问题	21%	210	1. 复杂性	50%	105
				2. 创造性	50%	105
3	责任范围	10%	100	1. 工作独立性	40%	40
				2. 工作内容的广度	40%	40
				3. 知识的广度	20%	20
4	监督	9%	90	1. 人数	30%	27
				2. 层次类别	40%	36
				3. 下属素质	30%	27
5	知识经验	9%	90	1. 知识	40%	36
				2. 经验	60%	54
6	沟通	6%	60	1. 沟通频率	30%	18
				2. 沟通技巧	40%	24
				3. 内外因素	30%	18
7	环境风险	5%	50	1. 环境条件	100%	50
				2. 工作风险		
合计		100%	1000			1000

① 范海东、唐晓斌：《宽带薪酬设计》，广东经济出版社 2005 年版，第 41、54 页。

第四节　退休保障制度

英国政府比较重视对公职人员退休生活的保障，1834年，英国政府颁布了首部针对国家公职人员的养老退休法规，要求为公共部门退休人员提供必要的生活保障。1859年颁布的《年老退休法》标志英国正式建立文官退休制度。1971年，英国出台第一部关于文官退休待遇规范的法律，该法律规定了文官的退休年龄、享受退休保障的基本资格条件，使他们在结束职业生涯后能够获得合理的养老金和其他福利待遇。

一、文官养老金制度的演变

1809年，英国实施了综合性公职人员养老金制度，该制度设立之初由国家公共基金全额承担费用，为公职人员提供免费的职业退休保障。1821年，英国财政部出台新规定，要求享受养老金的公职人员开始缴纳相关费用以分摊财政压力。由于各种原因，1824年政府又取消了这项缴费规定，并退还了已收取的全部费用。1828年，英国成立了一个专门针对公共收入与财政支出问题的研究委员会，该委员会提出应当重新恢复并强化养老金缴费制度。1857年，英国政府再次调整政策，取消了对文官养老金缴费的规定，其间实行的是非缴费性的国家文官养老金制度，这一模式持续至1972年。

1972年，英国政府通过《文官职业养老金法》，允许文官在达到特定年龄后提前领取职业养老金，而且这个领取年龄可以早于国家基本养老金的领取年龄。同时，文官还有权自愿参加商业养老保险，以增强其退休生活的经济保障。1975 年，英国政府颁布了《社会保障养老金法》，构建起基本养老金制度和附加养老金制度（与个人收入挂钩）相结合的养老金制度体系。

1998 年，英国政府发布《我们国家的新动力：新社会契约》报告，从养老金制度入手，提出了社会保障体系的整体改革策略。1999 年，英国政府通过了《福利改革与养老金法》，旨在对包括文官在内的公共部门工作人员的退休保障进行现代化改革。

2002 年，英国政府成立了由阿代尔·特纳为负责人的养老金委员会，提出国家养老金和私人养老金改革的建议，形成第二支柱和第三支柱养老金体系，为文官退休提供更多选择。2005 年，英国养老金委员会将非强制性的职业养老金计划改造成强制性的职业养老金计划，以强化第二支柱的作用。该计划通过全部文官“自动注册”参加一项高质量的雇主养老金计划或者一项新设立的国家养老金储蓄计划，为个人退休后收入进行储蓄。2006 年，英国就业和养老金部发布《退休保障：建立新的养老金体系》白皮书，吸收了养老金委员会关于建立国家养老金储蓄计划的建议，主张实施“自动注册”的职业养老金计划。①

2010 年，英国文官养老金委员会成立，承担文官养老

① 王雯、李珍：《2012 年英国强制性第二支柱养老金改革及其对中国的启示》，《社会保障研究》2013 年第 4 期。

金政策制定、实施和监督职责。

2012 年 10 月至 2017 年，英国政府实施了“自动注册”退休储蓄计划，以督促文官为退休进行养老储蓄，其实质是推动强制性的职业养老金制度。根据英国文官养老金委员会统计，截至 2024 年 3 月底，50 多万文官已“自动注册”参加一项职业养老金计划。[①]

2015 年英国政府将大多数公共部门的文官转移到一个名为“阿尔法”的新养老金计划中。2018 年，上诉法院调查发现，2015 年养老金改革存在年龄歧视的问题，只保护老年文官，对其他年龄段文官不公平，责令文官养老金委员会改正。因此，2022 年 1 月中旬，文官养老金委员会发布《文官养老金计划：对 2015 年改革的补救措施和文官的定期缴费》报告，要求 2022 年 4 月前将剩余的文官全部转入新养老金计划中，并适当增加预算经费。[②]

二、文官退休管理机构

21 世纪以来，英国政府进一步强化对文官退休工作的规范化与专业化管理，专门成立相关机构，并配以专业团队来明确和履行各自职能职责。

英国文官养老金委员会专为优化文官养老金计划而设立，有 15 名成员。2015 年 4 月 1 日通过的《2013 年公共服务养老金法》正式确立了文官养老金委员会的法定地位，

---

① https：//www. civilservicepensionscheme. org. uk/about-us/resource-accounts.

② https：//www. civilservicepensionscheme. org. uk/members/2015-remedy-mccloud.

将其纳入政府部门体系。作为内阁办公厅的重要组成部分，文官养老金委员会扮演着计划经理的角色，主要职责在于提供和监督文官养老金计划的实施。文官养老金委员会在具体计划或政策制定方面不直接发挥作用，如计算文官养老金额度或设定政府与文官缴费比例等，这些事项由政府相关部门负责。此外，计划经理还需负责管理其他与文官福利相关的计划，如文官补偿计划、文官附加自愿缴费计划以及文官工伤福利计划。所有这些计划均依据立法规定实施，最终由首相兼任的文官大臣负总责。①

三、文官退休类型

英国文官退休类型多种多样，其中正常退休、提前退休、延迟退休以及病退是最基本的四种类型。

（一）正常退休

英国文官在达到法定退休年龄并满足相关条件后，可以申请正常退休。目前，英国文官的法定退休年龄与工龄挂钩：对服务年限不足 10 年的文官，其法定退休年龄通常为 60 岁；工龄超过 10 年的文官，则法定退休年龄调整至 65 岁。

为了更好地适应时代发展和文官个人需求的变化，英国政府推行了灵活退休政策，符合条件的文官可在退休前的一定期限内（如 10 年内），根据自身健康状况、工作意愿以及生活规划等因素自主选择合适的退休

① https://www.civilservicepensionscheme.org.uk/about-us/civil-service-pension-board.

时间。

近年来，英国政府各部门按照议会审议通过的相关法律和政策指引，结合部门特点和人力资源管理的实际需求，进一步完善了政府各部门内部的正常退休年龄规定，努力做到了文官个体权益和公共利益的平衡。

（二）提前退休或终止合同

该类型适用于不同年龄段的文官群体。对于年满 50 岁的文官，可以选择提前退休，并根据《文官补偿方案》和《文官养老金本金方案》享有法定的退休金和其他补贴。

1. 强制性提前退休或解除合同。在特定情况下，如组织结构调整、岗位裁撤或者个人健康状况不再适合继续工作时，政府依法对文官作出强制性提前退休或解除雇佣合同决定。

2. 弹性提前退休或自愿离职。允许符合条件的文官在达到一定年龄前（通常在 50 岁及以上）自愿申请提前退休，享受相应的退休待遇，同时给予一定的灵活性以适应个人的职业生涯规划。

3. 经批准的提前退休计划。某些文官可能符合特定条件而被批准提前退休，如服务年限较长、业绩突出或因家庭原因等特殊情况，此类退休通常伴随着较为优厚的退休金和福利安排。

4. 养老金递减领取式退休。在选择提前退休的情况下，文官可采用养老金递减领取方式，即提前开始领取养老金，但相应地，由于领取时间提前，可能会导致养老金支付额度有一定比例的减少。

5. 病退。针对因长期疾病或伤残无法正常履行职责的文官，按照相关规定可申请病退，病退者同样能够得到一定的经济保障和医疗支持。

（三）延迟退休

英国政府曾经积极推行文官提前退休政策，以优化人力资源配置和促进文官队伍新陈代谢。然而，随着人口老龄化问题日益严峻，英国政府开始调整文官退休制度，转向鼓励并支持有能力且愿意工作的文官延迟退休。

2002 年，为了延缓文官的退休年龄，英国政府采取了具体的激励措施，鼓励低龄老年文官继续工作，例如，对于那些选择 70 岁以后才退休的文官，政府会一次性发放 2 万英镑作为奖励金。2006 年，英国政府进一步颁布并实施《就业平等（年龄）法》，从法律层面强化了对达到法定退休年龄仍希望继续工作的文官权益的保护，使他们在职场上不受年龄歧视。

从 2010 年开始，英国政府逐步上调了文官的法定退休年龄，并于 2020 年实现了男女退休年龄的统一，均为 65 岁。根据规划，到 2046 年，英国文官的法定退休年龄将进一步提高至 68 岁。然而，对于 60 岁以上仍被聘用的文官，需要满足所在机构设定的工作效率标准和健康条件，接受延迟退休的相关评估和审查，以保证其能够胜任岗位职责。

四、文官退休保障体系

英国文官退休保障体系建立在社会保险和社会援助相

融合的复合型养老保险框架之上，其核心由三大支柱组成。

（一）第一支柱：国家养老金

国家养老金具有基本性、同一性，惠及所有文官，主要由三部分构成。

1. 基本国家养老金。英国政府规定，只有缴纳国民保险满 10 年的文官才有资格领取。当缴费年限达到 30 年以上时，文官能领取全额的基本国家养老金，2024 年这一标准为每周 169. 5 英镑；若缴费年限不足 30 年，则养老金数额会相应减少。每年，基本国家养老金待遇都会根据具体情况作调整，上调幅度依据薪酬平均上涨比例、居民消费价格指数（CPI）变动率以及 2. 5%这 3 个指标中最高的一个确定，以应对生活成本上升和通货膨胀的影响。英国政府为了鼓励文官延迟领取养老金，实施了相应的激励政策：文官每自愿推迟 9 周领取养老金，其领取额度将增加 1%；如果选择连续推迟一年（即 12 个月）领取，那么推迟其间应得的养老金部分将按照高于市场平均水平的利率计算利息，通常采用银行基本利率加 2%的浮动计息方式。[①]

2. 补充国家养老金。英国补充国家养老金体系历经多次改革和调整，表现为一系列特定的计划（见表 5-5）。在这一系列计划中，没有固定统一的缴费标准，缴费数额与个人缴纳国民保险费的年限、收入水平以及是否需要补足养老金缺口等因素相关。具体而言，补充国家养老金的领取额度计算主要依据文官在其职业生涯中缴纳的国民保险

---

① https：//www. gov. uk/state-pension.

总额。这意味着，文官领取的补充国家养老金数额会因他们历年来的国民保险缴费情况而有所不同，包括缴费年数的长短、缴费额度的高低等。补充国家养老金是一种具有差异化的退休保障，作为基本国家养老金的补充。

表 5-5 英国文官补充国家养老金计划演变轨迹

时间	计划	适用人员
1978—2002 年	国家收入关联养老金计划	文官
2002—2016 年	国家第二养老金	文官或申领福利的文官
2015 年 10 月 12 日—2017 年 4 月 5 日	补充国家养老金	2016 年 4 月 6 日前退休并加入该计划的文官

资料来源：英国政府网站，http：//www. gov. uk/additional-state-pension/eligibility。

3. 新国家养老金。英国政府从 2016 年 4 月 6 日起实施新国家养老金制度，该制度构建了一个更为直观的定额给付养老金框架。在新国家养老金制度下，养老金领取资格及其待遇主要与文官个人缴纳国民保险费的情况挂钩。对于在 2016 年 4 月 6 日之后退休的文官来说，累计缴满 10 年（无须连续）即可享有领取养老金的权利，具体待遇与文官实际缴费年限和金额有关；若要获得全额新国家养老金（2024 年每周为 221.2 英镑），则需具备至少 35 年的国民保险缴费记录。针对制度改革的过渡期，政府制定了相应的转轨机制：对于截至 2016 年 4 月 5 日已有 10 年及以上国民保险缴费记录的文官，在新制度生效后所享受的新国家养老金待遇将是以下两种情况中较高的一项：一是按照原有的国家养老金制度计算至 2016 年 4 月 6 日本应获得的养老金数额；二是如果新制度在文官入职时已经实施，则根据截至 2016 年 4 月 6 日的实际缴费记录计算的数额。自 2016 年 4 月 6 日起，每增加一个完整的年度国民保险缴费记录，文官的养老金总额会以每周 4.55 英镑的标准逐步递增，直至达到全额新国民养老金或达到法定退休年龄为止，取二者中的先到时间点为准。[①]

（二）第二支柱：职业养老金

英国国家养老金体系的设计初衷是保障文官在退出职场后能够维持最低生活标准。然而，国家养老金的实际替代率通常仅为 20%—40%，这意味着大多数文官退休后的主要收入来源并不依赖于国家养老金，而更多地来自职业养老金计划。职业养老金一般由政府与文官共同承担费用，政府按一定比例缴纳费用，而文官则可以灵活决定其缴费额度，缴费越多，退休后可领取的养老金越多。

当前，英国文官职业养老金计划形式多样，涵盖了传统计划、传统加值计划、优质计划、伙伴计划以及 Nuvos 计划等。这些计划根据不同对象，提出了领取养老金的正常退休年龄与最低退休年龄要求，文官及其所属政府部门的缴费率。此外，这些计划在养老金计算方法、累积率、一次性退休金发放规则等方面也存在各自的特点（见表 5-6）。

① https：//www. gov. uk/new-state-pension.

表 5-6 英国文官职业养老金计划类型

计划名称	领取养老金的正常退休年龄	领取养老金的最低退休年龄	文官缴费率	政府部门缴费率	养老金计算基础	累积率	一次性退休金发放规则	目前状况
传统计划	60 岁	55 岁（2006 年 4 月前为 50 岁）	1.5%	18.9%	最后薪酬	1/80	3 年养老金	关闭
传统加值计划	60 岁	55 岁	3.5%	—	最后薪酬	1/60	用减少养老金换取	关闭
优质计划	60 岁	55 岁（2006 年 4 月前为 50 岁）	3.5%	—	最后薪酬	1/60	用减少养老金换取	关闭
伙伴计划	55—75 岁	—	自愿	视年龄在 3%—12.5%	年金	—	用减少养老金换取	开放
Nuvos 计划	65 岁	55 岁	3.5%	—	终生平均收入	1/43	用减少养老金换取	开放

（三）第三支柱：私人缴费、储蓄和商业保险

私人缴费、储蓄和商业保险是英国文官退休收入的组成部分，作为基本国家养老金的主要补充。在职业生涯期间，文官除了缴纳国民保险以获取基本国家养老金外，还可以选择将一部分资金投入个人养老金账户或购买商业养老保险产品，以期在退休后获得额外的经济保障。

首先，文官可以自主决定向个人养老金计划进行额外缴费，这部分资金连同投资收益将在退休后转化为可支配收入。领取养老金的具体数额取决于多种因素，包括累计缴费总额、养老金基金的投资回报率以及领取方式的选择（如一次性提取或定期领取）。在英国，一次性提取个人养老金通常享受25%的免税额度，而定期领取则需按照规定税率征税。

其次，文官在职时通过银行存款、股票投资、债券等多种方式进行储蓄积累，这些资金能够为退休后的文官提供必要的生活保障。

最后，商业保险产品尤其是补充性养老保险，为文官提供了多样化的养老金筹集渠道。这些由金融市场运作的产品，以其灵活性和市场化的收益机制，吸引众多文官参与。

第六章　英国文官监督管理制度

英国政府借助《文官管理法》等法律法规为文官设立清晰的行为准则与道德标准，并配以严格的违规处理机制。同时，内阁办公厅作为中枢管理机构，负责日常行政事务的协调与指导；高级薪酬审查委员会则独立于政府部门，对高级文官的薪酬待遇进行审查和调整，根据工作绩效奖惩。此外，英国通过议会质询、信息公开和民众参与等方式强化外部监督。议会监督权的行使使得文官工作接受直接的政治问责，《信息公开法》则保障公众能够获得文官工作信息，从而实现社会舆论的有力监督。同时，英国政府建立了申诉渠道和司法救济措施，使文官在合法权益受到侵害时有途径寻求公正解决。

第一节　发展变迁

英国文官监督管理制度的形成是一个长期而复杂的历史过程，并在不断应对社会变迁和挑战的过程中逐渐完善。

一、萌芽发展时期（17 世纪至 19 世纪）

17 世纪至 19 世纪的英国，每当议会选举时，操纵选举、贿赂选民、营私舞弊等不正当行为就会层出不穷。当时，议席成为一种可以买卖的商品，价格不断攀升。随着英国文官制度的建立，政府对文官的监管力度也越来越大。1837 年，维多利亚女王（1837—1901 年在位）制定了加强文官队伍建设的六条原则，即诚实、负责、客观、政治中立、保密、公平录用。诚实即不做假；负责指文官向其上级负责；客观指对大臣提供诚实、公正的建议；政治中立指不介入政党之争，不发表政治见解，不得“为难”政府；保密指在未经授权情况下不得泄露政府内部的机密信息；公平录用指招聘文官时公开竞争、择优录取。[①]

随着文官队伍规模的扩大，防止腐败成为了关键议题。1883 年，英国议会通过了关于文官财产申报的法律——《净化选举、防止腐败法》，即“阳光法案”。该法律规定，如果文官个人财产与其正常收入存在显著差距，则必须进行解释和说明，如无法提供合法所得的证据，会被视作灰色收入受到惩罚。

1889 年，英国政府出台了《公共机构腐败行为法》，这部法律将“一切行使公共职能或法定职能的机构”都纳入公共机构范畴，并明确规定禁止任何人在与公共机构相关的交往活动中实施行贿或受贿行为。此法适用于所有使用公权力或法定权力的单位和个人，尤其是文官群体。

---

① 李辉：《注重依法监督和工作实效——英国文官监督管窥》，《中国监察》2004 年第 23 期。

二、持续调整时期（20 世纪上半期）

20 世纪上半期，英国深陷两次世界大战的泥沼中，政治经济形势面临严峻挑战，这就迫切需要一批素质优良、廉洁高效的文官来保障国家行政体系的稳定运转。因此，这一时期英国政府着力修订和完善了内部和外部的监督法规，旨在提升监管制度的针对性和实效性。

1906 年，英国政府颁布了《防止腐败法》，以遏制公职人员的贪腐行为。为强化反腐败力度，1916 年，英国政府对该法进行了修订，扩大了监管的覆盖范围，将禁止公职人员收受贿赂的规定延伸至所有地方性和公共性机构，并明确由议会、检察院、审计机构等负责对公职人员的腐败行为进行监督与问责。

1911 年，英国首相赫伯特·阿斯奎斯（1908—1916 年在任）批准建立一个能够连接整个英联邦成员国的国有无线电台网络计划，并最终选定与英国马可尼无线电报公司合作。然而，随后揭露的“马可尼丑闻”显示，该公司存在与部分文官之间的内幕交易行为，不少文官通过购买马可尼公司的股票等方式获取巨额利润。这一事件曝光后，极大地影响了英国的文官系统，使得文官们在行使职权时更加谨小慎微。为了防止类似事件再次发生，同年年底，英国政府出台了《官方保密法》。该法对文官从事行政工作应遵守的保密纪律作出明确且严格的禁止性规定，特别是严禁利用职务之便进行权钱交易，泄露涉及政府核心的政治、经济、文化政策机密信息。

1948 年，英国政府推出了修订后的《人民代表法》，从立法层面进一步巩固了文官政治中立原则。该法规定，文官在履行职责过程中必须保持绝对的政治中立，不得直接参与任何形式的议会选举活动，包括但不限于竞选议员、公开支持特定候选人或政党、滥用职权影响选民投票意向等不当行为。

三、基本建立时期（20 世纪 60 年代至 90 年代末）

经过第二次世界大战结束后近 20 年的发展，英国对文官队伍的要求不断提高，为了有效监督和管理日益壮大的文官队伍，20 世纪 60 年代到 80 年代，英国先后通过了《许可证法》（1964 年）、《犯罪审判法》（1988 年）以及《地方政府和住房法》（1989 年）等法律，这些法律均针对文官行为监管制定了新的条文或进行了补充修订。

20 世纪 70 年代，富尔顿委员会与撒切尔政府继承并发展了《公共机构腐败行为法》《防止腐败法》的要求，并在宏观政策和保密机制方面强化了法制规范。同时，明确规定英国文官必须按照《荣誉法典》的规定行事。

1988 年，英国政府成立了严重犯罪调查局，专门负责对涉嫌重大罪行的文官进行独立调查，并提出处理意见。1989 年，《官方保密法》得到修订，国家秘密范围被适度缩小，部分文官涉密违法行为改为内部处理。

1991 年 7 月，梅杰首相领导的英国政府启动了“公民宪章”运动，该运动为公民监督文官行政行为和公共服务质量提供了依据。随着运动的开展，文官的工作方式和服务态度发生显著变化，政府部门和行政执行机构纷纷确立了服务标准和产出目标；税务局公开纳税人满意度调查报告及其相应改进措施；就业局、警察、海关、消防队、邮局等部门广泛推行佩戴身份标识胸章的制度；医院规定了住院等待时限；警方和监狱系统的督察员定期发布工作报告；铁路系统则对外公布列车正点率等服务指标及其完成情况，并在未达到特定标准时提供赔偿。此外，电力、通信、煤气、自来水等公用事业也采取了类似的改革举措。

20 世纪 90 年代，英国文官委员会在原有反贪腐法律基础上不断推动新的公共服务伦理规范的出台。在此期间，梅杰首相于 1993 年发起了“道德回归”运动，严厉打击文官的腐败行为。1994 年和 1995 年，英国政府两次回应文官委员会建议，着手修改提交文官行为法典草案。1995 年，梅杰政府推动公共生活标准委员会制定“诺兰原则”，进一步规范文官行为，并直接催生了影响深远的《文官管理法》和《文官行为准则》。

1995 年，英国枢密院颁布《文官管理法》，旨在保证公职人员在一个基于功绩制和公平竞争环境下的廉洁高效工作状态。该法规定了关于人事任免和透明度方面的建议，例如，由任免委员会成员来调整选拔程序，所有任命需听取相关职能小组或独立委员会的意见。1996—1999 年，内阁办公厅持续修订《文官管理法》，增补了许多关于文官职业道德纪律的条款，包括禁止文官接受礼品、从事商业活动，以及严禁参与与其部门业务相关的任何营利性活动等。

1996年，英国内阁办公厅发布了《文官行为准则》，该准则由英国文官委员会负责监督执行，并逐渐成为指导英国公共服务伦理的核心规范。在继承1837年确立的六项原则的基础上，《文官行为准则》进一步细化了文官职业操守，明确规定文官必须坚持的原则。政府各部门依据该准则并结合工作实际，制定出更为详尽的行为操作规范。

四、变革完善时期（2000年至今）

进入21世纪，英国政府进一步强化文官伦理规范和监督管理机制。2000年11月，英国政府通过了《信息公开法》，于2005年正式生效。该法规定公民享有获取政府部门信息的权利，并列出21项豁免条款，这些条款主要涵盖了三个方面：一是与国家安全和情报机构相关的敏感信息，二是可能对公共利益造成损害的信息披露，三是涉及隐私权保护的个人信息。该法规定，公民有权提交申请要求公开相关信息。当申请人对信息公开请求的处理结果不满时，有权要求作出决定的政府部门进行内部复核。如果内部复核结果未能满足申请人的诉求，申请人有权进一步向独立的信息专员办公室提出申诉。若信息专员的裁决仍不利于申请人，申请人可以继续向信息权利裁判庭发起上诉。在极端情况下，如对信息权利裁判庭的最终裁决依然存有异议，则允许申请人诉诸高等法院寻求司法审查。

2001年，为了加强国家安全和维护社会稳定，英国政府颁布了《反恐、犯罪和安全法》。这一法律不仅强化了国家应对恐怖主义和犯罪的能力，还引入了针对文官体系的新限制性条款，旨在推动文官积极参与到涉及国家安全和稳定的事务管理中，并在法律法规框架内履行职责。

2003年，布莱尔政府公布《反腐败法》，旨在取代1916年修订的《防止腐败法》。

为适应时代发展和文官制度的深层次改革，特别是为了应对加入欧盟带来的包括腐败问题在内的全球化挑战，英国政府在20世纪初期开始重视反贿赂立法，但受到了1999年《经济合作与发展组织反贿赂公约》的影响，该公约要求签署国采取措施打击跨国贿赂行为。在此背景下，英国政府提出了新的反贿赂法。2010年，英国正式通过了《2010年反贿赂法》，并于2011年7月1日开始实施。这部法律是英国反贿赂立法的重大改革，其核心内容包括三个方面：首先，明确了对外国公职人员行贿的罪行，将任何人索取或接受贿赂列为犯罪行为。其次，该法律不仅适用于英国境内的个人和公司，也适用于所有在境外行为的英国公民和公司。最后，扩大了对贿赂行为的定义，包括任何利用职务为自己或他人谋取不正当利益的行为。

2000—2016年，内阁办公厅持续推进《文官管理法》的修订，尤其是2013年和2016年的修订。这些修订旨在应对不断变化的社会需求、提升公共行政效率以及促进文官制度与时俱进，包括但不限于强化文官选拔任用的公平性和透明度、优化人力资源配置以及完善绩效考核与激励机制。① 同一时期，为了维持文官的职业操守和提升行政运转效率，英国内阁办公厅还多次修订《文官行为准则》，以适应新的道德标准和社会期待。最近一次的修订是 2015 年 3 月 16 日，这次修订进一步细化文官行为要求，加大了对违规行为的约束和处罚力度，明确了文官的行为规范和职业道德标准。②

2017 年 2 月，面对 21 世纪复杂的国际环境和信息时代不断变化的安全挑战，为了保护政府机密，英国内阁办公厅启动了一项法律审查程序，要求法律委员会对现行法律体系进行评估，以确认其在新的时代背景下的适应性和执行力。作为回应，法律委员会着手修订《官方保密法》，特别提出将未经授权披露机密文件的文官视同其他泄密者或犯下间谍罪行的行为人，这意味着此类违法行为将受到同等严厉的刑事处罚。

第二节　法律法规体系

在长期的法治建设过程中，英国政府通过持续不断制定和完善相关监管法律法规，逐步构筑起文官监管体系。

---

① http：//www. gov. uk/government/publications/civil-servants-terms-and-conditions.

② http：//www. gov. uk/government/publications/civil-service-code/the-civil-service-code.

一、《文官管理法》

《文官管理法》是英国文官体系的核心监管法规，该法共 12 章 52 节，涵盖了从文官的选拔录用到离职退休全过程的各项管理措施和行为规范。

1. 关于招聘录用。重点监督录用程序的合规性，如公开竞争考试、任职资格设定、录用标准记录、背景审查等。同时规定了对“快速通道”发展计划的管理和执行，旨在为有潜力进入高级文官序列的人才提供培训和发展机会，并严格规定了选拔条件、试用期安排、薪酬与职级决定以及考核机制。此外，还涉及专家任命与管理，保证各专业领域内文官的福利待遇以及集中高效管理，并针对复职和重新雇用情况作出明确规定。

2. 关于行为和纪律约束。强调文官应遵守的行为规范和纪律要求，涵盖保密义务、政府信息处理、礼仪准则、政治活动限制等方面。其中，文官大臣负责制定总体行为框架，政府各部门和行政执行机构需细化并落实行为准则，保证文官廉洁自律，不得参与任何可能影响其公信力或独立判断的活动。“文官道德制度”和“地方政府雇员行为准则”两章对禁止和允许的兼职行为作出详细界定，以避免利益输送和腐败现象发生。

3. 关于文官管理和职业发展。着重关注文官的职业发展和绩效管理，包括定级分类、个人考核、工作绩效提升、晋升和平级调动等。政府各部门和行政执行机构有权决定除高级文官以外职位的等级划分，并建立严格的考核体系，将考核结果与薪酬挂钩，促进文官不断提升工作效率和质量。对于工作表现不佳或效率低下的文官，依法设立了解决途径，包括采取改进措施，按照法定程序解雇，强制提前退休，等等。①

二、《文官行为准则》

《文官行为准则》是《文官管理法》的延伸，它从该法第 4 章中提炼出关于文官职业道德与职业行为的核心规定，构成了对全体文官从政理念和日常行为的权威指导与约束。这部准则 3—5 年会修订一次。

该准则规定，通过公正公开竞争程序选拔出来的文官，在执行公务时应秉持敬业精神，坚守廉洁、正直、客观和公正四大核心价值观，以此作为工作的道德基石。文官不仅要在所有工作中以这些高标准严格要求自己，以赢得大臣、议会成员、公民以及服务对象的信任和尊重，而且还要致力于维护并提升政府部门的公信力和服务质量。

该准则列出了具体的行为规范和禁令，如不得利用职务之便谋取私利、必须保守国家机密、不得从事有损政府形象或利益的行为等。该准则既明确了文官所享有的权利，如工作安全与健康保障、平等发展机会以及合理的工作评价与回报机制，也强调了他们必须履行的服务承诺和义务。②

---

① http：//www. gov. uk/government/publications/civil-servants-terms-and-conditions.

② http：//www. gov. uk/government/publications/civil-service-code/the-civil-service-code.

三、《公共机构腐败行为法》

《公共机构腐败行为法》是一部规范公共部门及其成员行为的法律，其适用范围涵盖了所有行使公权力或依据法定职权运作的机构、组织和个人。

该法严禁任何公共机构的人员与相关方发生可能影响公正执行公务的利益输送行为，明确禁止他们向与本机构有业务往来或者潜在联系的人或组织索取、接受任何形式的馈赠、礼品、贷款、资金、酬劳或其他不正当利益；公共机构成员不得在涉及公共事务处理中给予或承诺提供上述各种形式的好处。不论是主动寻求或策划此类交易，还是被动接收且无法证明自身清白，均被视为违反了该法所界定的腐败行为范畴。

根据这部法律，对贪腐行为的处罚措施包括罚款、刑事拘留、有期徒刑，以及撤销职务和剥夺政治权利等。对于初次违法者，除了撤销职务外，还将在五年内禁止担任任何公职；若再犯同类罪行，则将面临终身不得任职于公共部门的严厉制裁。此外，触犯《公共机构腐败行为法》者，在被判剥夺政治权利的五年期限内，不仅丧失选举权与被选举权，而且有可能失去领取养老金的资格。鉴于养老金通常是文官退休后生活保障的重要来源，这一惩罚手段无疑具有极大的震慑力。

四、《防止腐败法》

《防止腐败法》是一部旨在预防和打击公共部门及其官

员贪污腐败行为的重要法律，其关键条款涵盖了文官在合同签订、礼品接受以及应酬活动中的行为规范。

1. 关于合同签订。该法明确规定，在政府合同的谈判与签署过程中，若任何一方为获取利益向文官提供或暗示给予财物，文官有义务向上级或监督部门负责人报告此类事件，不得私下接受。

2. 关于个人信息保密。该法明确规定，所有参与正式合同事务的官员，均不得随意透露私人住址给合同执行方，以防利益输送或不正当关系的发生。

3. 关于礼品与宴请接受。该法明确规定，节日（如圣诞节）期间，对于日常工作中与本部门保持业务联系的团体和个人，政府官员可以适度接受他们的礼品或宴请，但必须在事后及时向所在部门负责人或上级汇报，并由所在部门负责人或上级评估该行为是否违法。如果违法，所在部门负责人或上级有权中止此类不正当行为。

4. 关于社交活动参与原则。该法明确规定，对于官方性质的招待会、午餐会、鸡尾酒会等邀请，除部门负责人、专业技术人员、业务主管人员外，其他公职人员在接受邀请前须得到相应级别主管官员的批准。未能提前获得批准的，也须在活动结束后迅速补办报批手续。

为了防止权力滥用和公正性的损害，《防止腐败法》明令禁止政府官员接受可能影响其公正执行公务的大额礼品或豪华宴请，尤其是那些可能导致回礼或回请义务的情况。如果官员因接受此类馈赠而在之后作出对赠送者有利的决策，将承担相应的法律责任。

五、《官方保密法》

《官方保密法》是英国政府为维护国家安全和利益、规范国家秘密管理和保护的重要法律依据。该法将国家秘密划分为四大类别：与国家安全和情报活动直接相关的敏感信息，涉及国防战略、军事设施和行动的秘密事项，关于国际关系和从外国或国际组织获取并承诺保密的信息资料，公开后可能导致犯罪行为发生或严重干扰正在进行的调查工作的相关信息。

在具体密级划分上，《官方保密法》确立了绝密、机密、秘密和有限保护四个等级，其定义取决于信息泄露可能造成的潜在破坏程度。英国没有设立统一的国家秘密范围和定密标准，而是赋予文件起草人根据上述四个等级的定义自行确定文件密级的权利。

解密过程通常称为敏感信息复核，由原文件起草的政府部门负责执行。政府各部门有专门的历史学家和档案管理人员，他们负责评估和决定哪些文件应当解密并在满 30 年后移交至国家档案馆。对于公民申请提前公开的文件，不受 30 年期限限制，需提前进行严格审查。

此外，在英国的安全保密审查体系中，审查程序通常细分为反恐审查、涉密审查、直接审查和生活圈审查四个层级。其中，为政府各部门服务的工作人员必须通过反恐审查；频繁接触高级别国家秘密的人员需接受严格的涉密审查；特定情况下，还会对相关人员实施面对面的直接审查以及对其社交网络的生活圈审查。遵循“谁使用、谁审查”的原则，一般情况下，使用部门负责执行相关审查工作。为了提高审查效率和质量，政府部门授权部分机构承担保密审查任务，使用部门可委托这些机构开展审查。而对于一些特殊部门如情报机构等，则通常由本部门独立完成保密审查流程。

六、《2010年反贿赂法》

《2010年反贿赂法》是一部旨在强化和统一英国国内以及国际范围内反贿赂法律规定的综合性立法，2010年通过，2011年7月1日实施。这部法律不仅对个人的贿赂行为进行严惩，也将商业组织的行为规范纳入监管范畴。《2010年反贿赂法》共6个部分（20条），即普通贿赂犯罪、贿赂外国公职人员罪、商业组织不履行预防贿赂义务罪、公诉与处罚条款、其他相关条款以及补充和最后条款。该法在附表中列举了相关法律的修订和废除内容，并特别针对文官受贿问题作出具体规定。

1. 关于适用情形。该法第2条明确规定，文官若存在以下行为之一，将可能面临受贿罪刑事责任：文官要求、同意接受或实际收取金钱或其他利益，以此影响自身或他人不正当执行公务或活动；文官因提出、同意接受或实际收取金钱和其他利益，导致自身或他人对于特定公务或活动的不正当执行；文官以获取金钱或其他利益为目的，要求、同意接受或实际收取贿赂作为自身或他人不正当执行公务或活动的回报；由于文官要求、同意或默许收取金钱或其他利益，导致自身或他人出于预期或事实上做出对某一公务或活动的不正当执行。该法第3条进一步明确了"相关公务或活动"的定义：涵盖具有公共属性的职务行为、商务相关的活动、雇用期间的活动以及团体名义下的活动等。

2. 关于辩护理由。该法第13条明确规定，为文官贿赂犯罪提供了特殊的辩护理由。如果文官能够证明其受贿行为是执行情报机构或武装力量任务所必需的，可以作为抗辩依据，但此种辩护的前提条件是情报机构或国防委员会已采取让首相满意的安排。

3. 关于处罚措施。该法第11条明确规定，对认定犯有受贿罪的文官，依据不同情况适用相应的处罚。例如，通过简易程序定罪，最高可判处12个月以内的监禁，或者处以法定限额内的罚金，或者两者并处；经过公诉程序定罪，最高可判处10年以内的监禁，或者处罚金，或者两者并处。同案中的其他责任人会减轻处罚，例如，通过简易程序定罪，仅处以法定限额内的罚金；通过公诉程序定罪，一般只处以罚金。

总之，《2010年反贿赂法》旨在严惩贿赂行为，保护社会公共利益不受侵犯。

第三节　监督机构与监督机制

为了保证公共部门特别是文官队伍的廉洁与公正，英国政府构建了一个涵盖审计、刑事司法、职业道德教育和行为规范等多维度的监督管理机制。

一、专门机构监督

英国对文官队伍的监管体系涉及多个层次和不同领域的监督机构，以强化从文官选拔、任命到日常行为表现的监管。

（一）审计机构监督

英国政府在审计方面对文官队伍进行监管，涉及以下部门。

1. 国家审计署。作为独立的审计监督机构，国家审计署对所有政府部门、公共服务组织以及与政府业务相关的国内外实体进行财政审计，包括预算执行情况、项目绩效以及资源利用效率等方面。其出具的审计报告提交至议会下议院，并作为政府决策的参考。

2. 审计委员会。政府部门内部或跨部门设置的审计委员会，负责实施日常和常规性的审计工作，审查部门内财务管理的合规性和有效性。他们不仅针对财务报表进行详细核查，还会对内部控制、风险管理等方面提出改进建议。此外，审计委员会还承担发现并防范欺诈、浪费和腐败行为的任务，必要时将调查结果形成报告递交给相关部门。

3. 公共账目委员会。作为议会的常设委员会，公共账目委员会的核心职责是对国家审计署提交的审计报告进行审议，并要求政府部门及其相关机构在规定时间内对报告内容作出回应和解释。该委员会特别关注公共资金的收支合理性，一旦发现账目存在疑问或不清晰之处，有权展开深度调查并追究相关责任人的责任，以保证公共资金使用合法合规。

（二）刑事机构监督

负责调查和起诉涉及职务犯罪尤其是严重腐败案件的主要执法机构是严重欺诈办公室。该机构并非司法部门，而是作为独立的行政调查与公诉机构存在，专注于处理复杂、严重的经济犯罪案件。

严重欺诈办公室对涉嫌金额巨大或者社会影响极其恶劣的职务犯罪行为进行深入调查，这不仅限于涉及金额超过一定标准（如 100 万英镑及以上）的案件，还包括那些可能损害公共利益、破坏商业道德和金融市场秩序的行为。其核心职责之一就是打击文官利用职权实施的腐败行为，督促他们在履行职责时符合法律规范。

此外，对于一些较小规模但具有显著公共影响力的职务犯罪案件，也可能由英国皇家检察署或地方警察局的特别调查组进行处理。同时，如国家反犯罪局这样的综合性执法机构也会参与到打击腐败和经济犯罪的工作中来，共同构成了一张刑事监管网络。

二、法律监督

（一）立法监督

英国议会作为最高立法机构，拥有对公职人员进行质询、弹劾和监督的权力，任何文官必须无条件接受。

1. 质询。议员可以针对政府政策、决策或具体行政行为提出口头质询或书面质询。质询内容涉及政府工作的大部分领域，被质询的文官必须提供详尽和合理的解释，否则可能面临议会的进一步审查甚至制裁。通过质询机制，议会能够及时发现并纠正政府工作中的问题，提升政府行政效率和透明度。

2. 弹劾。尽管现代英国政治体制下，议会直接弹劾文官的情况较少，但在理论上，议会确实拥有对高级文官进行控告和审判的潜在权力。当文官出现严重失职、违法行为等情况时，议会可以通过特定程序启动调查，并将结果公之于众，从而对文官形成强大威慑力。

3. 监督。议会通过设立专门委员会来开展深入细致的监督工作。这些专门委员会对口有关政府部门，负责监督政府部门设立的专门委员会，如公共账目委员会、外交事务委员会等，对其政策制定、预算执行、项目实施等方面进行监督审查。

（二）司法监督

司法监督强化了对行政权力的制约，保护公民和法人的权利不受侵犯，并要求政府行为必须基于法定权限且程序规范。

1. 普通法院。英国司法系统中并未设立专门的行政法院，而是通过普通法院体系来行使对文官的司法监督职能。由于普通法院的独立性和权威性，它们能够有效约束政府权力，保障法律的公正实施。

2. 行政裁判所。英国在全国范围内设有 2000 多个行政裁判所，负责对涉及政府部门的纠纷进行审理裁决。这些行政裁判所具有相对独立的地位，由议会赋予其广泛的裁判权，政府无权干涉其正常运作。文官干预行政裁判所的工作，不仅违背政治中立原则，还可能面临司法调查与追责。

3. 资产追缴机制。对于非法所得特别是1万英镑以上的财物，英国建立了资产追缴机制，通过普通民事法院启动追缴程序，并规定了长达12年的追溯期限，旨在从经济层面降低腐败行为的危害程度，提高违法成本，使国有资产和社会资源依法得到使用和管理。

三、政府监督

由于信息不对称等因素，司法部门与议会等外部机构对文官系统内部具体操作和日常行为的深度监督有一定的局限性。为此，英国政府在强化外部监督的同时，也重视构建和完善内部监督体系。

（一）政府职能部门监督

英国政府针对公共管理中易滋生腐败的领域，赋予五个部门专门的监督职能和权力。

1. 财政部。负责对政府各部门及其公共资源的财务行为进行严格监督。每年通过详细的财务审计、统计分析，提交年度欺诈与资金滥用报告，保证财政资源的安全有效使用。

2. 税务海关总署。下设专门的税务监察机构，主要职责是对税收征管环节中出现的各种违规行为和诈骗案件进行调查，并在必要时享有直接提起刑事诉讼的权利，以维护税收体系的公正性和合法性。

3. 劳动保障署。设置专门机构负责对社会福利发放过程中可能存在的腐败现象进行调查与监控，保证社会福利公平透明地分配给符合条件的对象。

4. 国防采购反欺诈委员会。鉴于军备采购活动具有较高的保密性且潜在风险较大，该委员会承担对英国军备采购过程进行监督的责任，旨在揭露并防止不透明交易、贪污腐败等问题。

5. 国家保健署反欺诈与安全管理处、国民保健监察专员办公室。这两个机构的核心任务是识别并查处保健系统内的各类腐败与诈骗行为，使民众能够享受到公平、高效、廉洁的医疗服务。

（二）专业机构和人员监督

英国有行政监察专员制度体系下的行政监察专员署及其行政监察专员的监督。

1. 行政监察专员署。该署是一个独立运作且中立的监督机构，其所有工作围绕公民因为行政部门和文官个人的违法乱纪或者不正当行为造成利益受损开展调查并起诉。它的突出特点就是广开渠道，任何人和组织针对公共部门违法行为的投诉都会受理，从而保证公民能够合法合理地得到权利的保护，也使文官的工作在阳光下运行。

2. 行政监察专员。1967 年英国颁布的《议会行政监察专员法》标志着行政监察专员的产生，目前英国政府主要设置了行政、地方、卫生医疗行政监察专员，负责检查各自部门文官履行职能的情况。行政监察专员隶属行政监察专员署。行政监察专员的工作范围十分广泛，包含政府的任何行政行为，特别是一些重点领域，如财政、决策、外交、人事等。行政监察专员在接到投诉后会向政府和涉及问题的文官提出解决办法和改进建议，如果文官对其置之不理，那么行政监察专员署有权向全社会公开问题并将调查报告向议会说明。

四、社会监督

（一）社会组织监督

在英国，社会组织虽然不具备直接的执法权，但在制定文官道德标准、评估行为性质以及提供政策建议等方面具有一定影响力。

1. 公共生活标准委员会。20 世纪 90 年代初，出现一系列文官职务犯罪事件，引发民众对政府的信任危机。为重塑政府形象和恢复民众信心，1994 年 10 月 25 日，梅杰首相宣布成立诺兰委员会，即公共生活标准委员会，专门负责公共部门公职人员行为准则的调查并向首相提供相关建议，其成员涵盖各领域专家，包括但不限于政治家、工商界人士、法律专家和社会贤达等。该委员会成立后即调查了下议院的 651 名议员，发现其中的 245 名议员在外兼职且收入高出法定年薪的 3 倍。为此，1995 年 5 月，梅杰政府推动诺兰委员会提出了严格规范文官行为准则的意见，即“诺兰原则”，包括无私、诚信、客观、负责、公开、正直、领导力七项，这是各个层级文官必须遵守的道德标准，并由多个政府部门执行和监督。①

2. 纳税人联盟。这是一个独立运作的非政治性团体，致力于保障纳税人的权益，提升公共服务质量和效率，同时强调政府问责制。该组织通过监督文官的工作表现和财政支出，向政府部门提出改进服务和财务管理的意见建议。

3. 公民咨询局。作为一个独立运作且中立的社会组织，它为英国公民提供广泛的法律和政策咨询服务。尽管其主要职责不局限于监督文官，但其在日常工作中接触各类政策执行情况，因此能够针对文官的服务质量与行政效能提出有价值的意见建议。

4. 透明国际英国分部。透明国际1993年成立以来，一直积极推动全球范围内的反腐败工作。其英国分部特别关注国内文官群体的廉洁状况，通过对文官的工作进行监督评价，为政府提供预防和打击腐败行为的建议。

（二）公民监督

20世纪90年代，英国政府开展“公民宪章”运动，旨在通过强化公民对公共部门服务质量和效率的监督作用，促使文官在履行职责时更加廉洁奉公。

1. 基本目标。“公民宪章”运动强调公民有权获得迅速、及时且高质量的公共服务，并要求相关费用合理。作为公职人员的文官，在进行行政管理、征税等公务活动时必须坚持公平原则，提高服务效率，以礼貌态度对

① https：//www.gov.uk/government/publications/the-7-principles-of-public-life/the-7-principles-of-public-life--2.

待每位公民。“公民宪章”的核心目标是赋予公民实际参与和监督文官工作执行的权利，促进公共服务的优化改进。

2. 主要内容。“公民宪章”要求政府部门制定并公布明确、可衡量的公民服务标准，并定期发布关于这些标准执行情况的报告。提供便捷咨询渠道与多种选择性服务项目，保证在服务过程中体现良好的职业道德和服务礼仪。此外，“公民宪章”还强调了提升财政资源使用效率和节约开支的重要性。

3. 具体行动。英国政府推出“公民宪章”积分奖励机制，每年有大量的文官或文官管理部门通过参与“公民宪章”运动来获取积分。负责审核以及评分工作的“公民宪章”顾问小组将根据文官或文官管理部门提交的材料和表现进行认真评估，并决定最终的奖励事项。这种积分奖励机制有力地推动了文官或文官管理部门持续改善服务质量，增强其对公民需求和期望的响应能力。

五、行政伦理规范

英国政府通过设置一系列配套的机制保证公共服务核心价值规范能够传递至所有的公职人员，使之内化为他们的自觉行动。这些与核心价值规范相衔接的具体措施包括：在职业合同中包含陈述公共服务核心价值规范的内容；每一版公共服务核心价值规范修订后，都要组织文官进行学习；使用网络等新技术手段宣传核心价值规范；对新入职或转岗的文官进行公共服务核心价值规范的教育等。

（一）核心价值规范

英国文官的核心价值规范集中体现在《文官行为准则》中（见表 6-1），该准则要求每名文官在履行职责时必须时刻铭记并体现廉洁、正直、客观、公正核心价值观，保证公共利益至上，并致力于提供优质的公共服务。

1. 公正公平。要求文官在处理公务时不偏不倚，对待所有人一视同仁，避免任何形式的歧视或偏袒，维护社会公正。

2. 诚实守信。强调文官必须保持高度的职业诚信，准确无误地履行职责，不得有虚假陈述、隐瞒事实或误导公众的行为发生。

3. 廉洁自律。禁止文官利用职务之便谋取私利，严格遵守反腐败法律和财务管理制度，反对任何形式的贪污受贿行为。

4. 高效服务。鼓励文官追求卓越与效率，保证公共资源得到合理使用，以实现最佳的政策效果和服务质量。

5. 公开透明。倡导文官积极推行信息公开，尊重公民知情权，及时回应民众关切，提高政府决策和管理过程的透明度。

6. 尊重多元化。要求文官尊重多元文化和不同观点，促进包容性和多样性的发展，在政府部门内部营造良好的工作氛围。

表 6-1 英国文官的核心价值规范

核心价值观	基本概念界定	对应做事项的规定	对禁止事项的规定
廉洁	将公共服务责任置于私利之上	负责任地履行职责;以专业化的服务获得民众信赖;保证经费等公共资源能有效运用;公正、快速地处理民众事务;资讯公开	利用职务之便取得信息为自己或他人谋利;接受他人礼物或其他形式的利益影响决策判断;在职期间或离职后,未经授权泄露政府信息
正直	真诚、公开	诚实行事,有错及时改正;依照公共利益目标动用资源	欺骗或故意误导政府部门负责人、议员或法官;受他人威逼或个人私心影响履职
客观	基于谨慎分析或事实证据作出决策	依靠证据说明方案或建议;衡量利弊得失后作决策;吸收专家合理建议	在提供建议或作决策时故意忽略不利的事实;以拒绝或放弃行动的方式,阻挠政策执行
公正	以公正平等的方式行事,履行公职时不受党派利益的影响	恪守对公正的承诺;无论执政党或自身政治信仰是什么,都严守政治中立;赢得政务官信任;遵守参与政治活动的相关限制	偏袒或歧视特定个人或群体;依照政党的考量行事或将公共资源用于特定政党的政治目的;从个人政治观点出发提出建议

资料来源：英国政府网站，http：//www. gov. uk/government/publications/civil-service-code/the-civil-service-code。

（二）公共服务伦理行为规范

英国政府在公共服务伦理建设方面，依托《文官管理法》及其相关法律法规，对文官的行为规范进行了详尽的规定和持续的更新完善，实现对文官从入职到离职全过程的行为控制（见表6-2）。

1. 政治中立与参与政治活动限制。规定文官在执行公务时应保持政治中立，不得利用职权干预或影响政治活动，同时也限制了他们任职期间直接参与党派活动的自由。

2. 财产申报制度。要求文官定期公开个人及其家庭成员的财产状况，保证其财务透明，防止利益输送和贪污腐败现象的发生。

3. 在职期间利益回避原则。明确规定文官在履行职务过程中，不得因私人关系、商业利益或其他可能影响公正执行公务的因素而损害公共利益，必须避免任何可能的利益输送。

4. 离职后“旋转门”限制（离职后利益回避）。为了防止权力寻租，规定文官离职后，在一定期限内不得从事与其原职责领域相关的营利性工作，以减少利用离职前的职务影响力获取不正当利益的可能性。

5. 检举揭发机制。建立举报制度，鼓励内部人员主动报告违法违纪行为，并保障举报人权益不受侵犯，形成有效的内部监督网络。

表 6-2 英国文官的公共服务伦理行为规范

<table>
<tr><th colspan="2">规范行为类型</th><th>规范内容概要</th><th>规范特点</th></tr>
<tr><td colspan="2">政治活动</td><td>高级文官与纳入“快速通道”发展计划的文官不得参加全国性政治活动，参与地方性政府活动需先获得许可；其他文官参加政治活动需先获得许可；某些敏感职位的文官参与政治活动需遵守所属部门的规定；准备参加选举的文官必须辞职并避免卷入政治争议事件</td><td>政治活动分为全国性的活动和地方性的活动；文官依据职位高低分类，职位越高的文官受到的限制越严格</td></tr>
<tr><td colspan="2">财产申报</td><td>文官必须向所在部门申报本人与近亲属所拥有的包括股票和有价证券在内的全部财产，以及与职务相联系的、未来可能增值的各类资产；文官若已处于破产状态，需向部门汇报并说明因此受法律惩罚的可能性</td><td>从申报对象、申报内容、申报时间三个方面进行详细规范</td></tr>
<tr><td rowspan="2">利益回避</td><td>离职前</td><td>不得有契约关系对象，不得有因个人利益而进行的人事调整行为和兜售信息行为；接受礼物、招待、奖赏或其他利益须遵守有关规定且事前获得许可</td><td>对利益回避的各类事项都有详细规定；对违反规定的后果和处理程序有详细规定</td></tr>
<tr><td>离职后</td><td>时间为离职后两年内，仅对在企业任职者进行规定，由企业任职咨询委员会负责；高级文官另有规定，依据职位分为三个等级，分别由首相、文官委员会委员和内阁办公厅秘书裁定；离职文官依然负有保密责任</td><td>从时间、对象、负责机构、审议程序四个方面进行详细规定</td></tr>
<tr><td colspan="2">检举</td><td>检举途径为部门直属上级、行政监察专员或警方，若无回应也可向文官委员会直接检举；检举后必须开展调查，并保护检举者的隐私和安全</td><td>从检举途径、检举程序、检举者三个方面进行详细规定；允许检举者匿名举报</td></tr>
</table>

资料来源：英国政府网站，http：//www. gov. uk/government/publications/civil-servants-terms-and-conditions。

六、文官自治组织监督

为了进一步强化文官管理体系的效能和公正性，英国产生了多个旨在促进文官间交流、团结以及相互监督的自治组织。

1. 一般文官联合会。主要由高级文官以及特等专家（如经济学家和法学家）组成，关注的是政策制定与执行层面的专业问题和高层管理事务。

2. 文官和文员联合会。涵盖各级事务员、打字员和机器操作人员等基层文官群体，侧重于日常业务处理技能的提高和工作环境的改善。

3. 国内税务员联盟。专为国内税务部门工作人员设立，关注税务政策执行、征管服务优化等问题。

4. 专业文官协会。汇聚各领域专家和技术型文官，通过知识共享和专业技术培训，推动公共管理的专业化发展。

5. 文职勤务员协会。针对通讯员、清洁工等后勤支持岗位员工，保障他们的权益并促进工作协调与沟通。

6. 文官和文员协会。服务于中央行政机构的职员，关注整个行政系统的工作条件和行政流程优化。

7. 惠特利委员会。职责是协调、解决政府与文官之间出现的各种纠纷，商议服务条件的一般原则，提出对行政改革和文官制度立法的意见等，努力寻求两者之间的合作。如果政府和文官代表不能在惠特利委员会中达成协议，任何一方可申请文官仲裁法庭裁决且裁决有最终的法律效力；但涉及高级文官和政策性的事项，不能进行仲裁。

第七章 英国文官制度评述

作为世界上第一个建立现代文官制度的国家，170 多年以来，英国文官制度一直根据不断变化的政治经济环境和社会需求进行调整与改革。自 19 世纪中叶《诺斯科特—屈威廉报告》提出改革方案，奠定了公开竞争、择优录用的基本原则以后，英国文官体系在选拔录用、绩效考核、职务晋升、培训教育、薪酬福利以及行政监督等环节上逐步建立了相应的制度。这一系列制度不仅有力地支撑了英国自身的现代化进程和经济社会发展，而且对一些国家文官制度的设计与实践产生了较大影响。

20 世纪以来，英国文官队伍经历了规模扩大、职能拓展的深刻变革，并在新公共管理运动的推动下，进一步强化了效率、责任和回应社会诉求的能力。英国文官制度的形成与发展历程，深深烙印着西方政治体制特征和英国本土文化特色，其背后的价值理念、制度创新和演变逻辑，既体现了政治权力结构之间的动态博弈，又紧密顺应了时代变迁和技术进步所带来的挑战。进入 21 世纪，面对信息技术革命带来的数字化转型浪潮，英国文官制度无疑将继续面临新的问题与考验，与时俱进、积极应对变革，努力塑造一支专业、高效、透明、灵活且适应未来的文官团队，是保证文官制度具有可持续生命力的必然抉择。

第一节　历史贡献

英国文官制度从萌芽阶段的初步构想，到正式建立并逐步完善，再到持续引领西方国家公共行政改革的前沿实践，反映了不同时期对公正、高效、专业、中立等核心价值的追求。这一制度不仅提升了英国政府的行政效率，而且为推动英国文官的有序发展作出了一定贡献。

一、创建并完善现代文官制度

虽然“文官”一词在英语中早有记载，但早期官员多由封建君主直接任命，并依赖国王发给的俸禄维生，本质上是王权附庸，缺乏独立性和专业性，现代意义上的文官制度尚未形成。

现代文官制度的雏形萌生于资产阶级与封建势力的激烈对抗之中，尤其是在光荣革命后，议会权力得到空前提升，1689 年通过的《权利法案》不仅极大地削弱了君主专制，也奠定了议会立法的核心地位。然而，在此后的改革进程中，资产阶级仍需面对地主贵族的强大阻碍。为了摆脱王室对行政事务的过度干预，增强内阁权威，资产阶级开始从制度层面寻找变革契机。转折点出现在英国殖民地东印度公司的管理实践上。17 世纪以后，东印度公司凭借特许贸易权逐渐扩张，拥有了军队和舰队，成为英国在印度的实际统治力量。然而，该公司官员任命多受贵族影响，缺乏公正性和专业性。当需要重新任命官员的时候，资产阶级抓住机遇，尝试在远离本土的印度推行新的选官模式，这一举措为英国国内文官制度的根本变革提供了借鉴。

随着资本主义经济的发展以及选举制度和政党政治的确立，官员任用一度陷入党派纷争、裙带关系、能力参差不齐的困境，即所谓的“政党分肥”现象，严重影响了政府的运作效率和稳定性。为打破这种恶性循环，1805 年，财政部率先设立常务次官职位，该职位不受执政党更替影响，具有职业稳定性，主要协助大臣处理政务。至 1830 年，这一制度扩展到其他政府部门，标志着具备职务常任、政治中立、教育背景深厚、考试录用等特点的文官阶层初步形成。

经过一系列深入改革，特别是内阁相继发布枢密院令，英国最终于 19 世纪中叶正式确立了现代文官制度，构建了一套以公开竞争、择优录用为基础，强调能力、廉洁与忠诚的文官管理体系，对全球范围内公共行政体系产生了较大的影响。

二、率先实行品位分类

英国传统的等级观念与对文官管理所秉持的通才原则在历史演变中催生了独特的品位分类。18 世纪中叶以后，随着工业革命的成功，英国社会经济结构发生了根本变化，新兴工商业资产阶级力量逐渐壮大并主导政府运作。他们认为英国的繁荣与富强应完全归功于工厂主和商人，“工厂主和商人是国家经济资源如何发展的最好法官”①，他们最关心对外贸易以及与其相关的工业生产和自由贸易，英国政府的职责就是制定自由主义政策来保持一个自由市场的环境，让自由市场的力量促进产业和技术的发展变化，对教育和科技事业则基本上持不干涉的自由放任态度。因此，在19世纪50年代启动的文官制度改革中，英国政府秉持这种理念，认为高等教育背景下的通才最适合担任公职。

随着大量通才文官加入英国政府，通才原则逐步成为共识并上升为国家制度。英国政府系统原本就存在等级森严的贵族观念，通才原则进一步强化了这一观念，并由此催生了品位分类，即文官分类管理，以人为中心，以个人条件包括个人学历、资历与能力等来划分官阶、评定职位和报酬，其中最主要的依据是学历。官阶标志品位等级、地位高低、资历深浅，并确定相应的薪酬多寡。基于通才原则的品位分类本质上塑造了一个封闭的等级结构，正如《富尔顿报告》指出的，品位分类结构存在三大问题，限制了人才的成长与发展空间：一是纵向障碍，不同等级之间壁垒森严，不利于优秀人才的成长和使用；二是横向障碍，行政人员与专业技术人员之间无法横向流动，形成“通才专政”；三是高层文官形成封闭的圈子，社会上的优秀人才难以进入到高层文官职位序列。

尽管随着新公共管理运动和后续行政改革的推进，对

① ［英］R. 库姆斯、P. 萨维奥蒂、V. 沃尔什：《经济学与技术进步》，中国社会科学院数量经济技术经济研究所、技术经济理论方法研究室译，商务印书馆1989年版，第191页。

文官专业能力和技术知识的需求日益增强，品位分类面临挑战并不断调整改进，但它基于通才原则的一些优势，如灵活、简洁、易于操作等特点仍然得以保留，并被其他国家借鉴学习。

三、发起新公共管理运动以改革文官制度

20 世纪 70 年代末至 80 年代初，随着经济全球化进程的加速推进、人口老龄化问题的日益严峻以及信息科技革命的破晓萌芽，传统的科层官僚体制在应对复杂多变的社会需求与经济发展中暴露出了明显的局限性，行政效率低下、公共服务质量不高、政府角色定位模糊等问题备受诟病。各国政府，尤其是西方发达国家政府，在有效调控市场经济活动和社会治理过程中，不仅显得力不从心，甚至自身也成为制约国家发展的瓶颈。为了直面这些挑战，提升政府治理效能，更好地利用公共政策和资源推动经济发展，并在全球竞争中保持领先地位，西方主要发达国家启动了一场大规模的行政体制改革运动，被称为新公共管理运动。

英国在这场改革大潮中扮演了重要的角色，它通过调整政府职能边界，优化资源配置，强化绩效管理和问责机制，成立行政执行机构以提高服务效率，并将市场竞争机制引入公共部门管理。

1. 树立顾客导向的价值原则。在传统政府运作模式中，由于政府财政来源相对稳定且公共服务供给具有垄断性，民众往往缺乏对政府服务进行选择的可能，这导致政

府部门较少受到如同私营企业追求利润那样的内在激励和市场竞争压力。因此，以往政府部门在提供服务时，其顾客导向意识和服务质量标准常常不够突出。为解决这一问题，英国政府在新公共管理改革中大力推行了以顾客为中心的价值原则革新。通过一系列政策举措，要求文职人员将民众视为服务的“顾客”，强调深入理解并积极回应民众需求。具体措施包括：广泛开展调研活动，积极倾听民众意见；制定并公开明确的服务标准与绩效指标；在开展“公民宪章”运动过程中，政府以宪章形式明确规定了公共部门应提供的服务内容、服务标准以及责任承诺，并将其公之于众，接受全社会的监督与评价。这一系列改革旨在增强政府对民众需求的敏感度，提高公共服务效率与质量，促使公共部门更加关注用户体验和满意度。

2. 转变政府职能和精简文官队伍。在新公共管理理念的指导下，英国政府意识到自身不应继续作为公共产品和服务的唯一供应者和垄断主体，而是应当鼓励公共服务领域向社会开放、向市场开放，与其他组织合作共享资源。为此，英国政府积极引入市场机制与竞争原则，通过私有化、公私合营等途径，大规模将原先由政府部门承担的公共服务职能转移给私营企业、社会组织和第三方机构。为响应扁平化组织结构的需求以及打造高效精干的“小而强”政府，削减冗余的文职官员成为这一时期政府改革的核心内容之一。1979 年前后，英国文官系统规模达到了历史峰值，人数高达 73.2 万人。自此之后，历次改革中精简文官编制始终是重点任务。21 世纪以来，英国文官总人数基本稳定在40多万人，直至2020年以后受到新冠疫情、“脱欧”及其后续工作的影响，文官数量才出现较大幅度的增长。

3. 推行文官管理的灵活性改革。传统的官僚体制倾向于高度集中权力，形成了一套统一化、规范化和标准化的运作模式，这在文官任用方面表现为用人标准、招募流程、选拔机制、录用程序、聘用形式等方面的严格规定和中央集权化特征。这种集中化、僵化的文官管理体制，在吸引多元化人才、有效选拔配置人力资源等方面显得较为滞后与缺乏弹性。英国政府为了提升行政效率与应对变化多端的社会需求，积极推动文官管理方式的灵活化改革。在破除原有层级繁复、决策滞后的倒金字塔权力结构基础之上，对文官管理制度进行了分解与重构，从过度依赖强制性和顺从性的管理模式逐步转变为以监督约束与激励相结合的新制度。例如，通过放宽政治中立原则的绝对要求，引入定期考核与职位竞争机制取代终身任职制，强调结果导向和绩效管理，并结合绩效薪酬等激励措施，旨在创造一个更为积极主动、富有创新精神的组织环境，从而提升整个文官队伍的工作效能和服务质量。

四、效法中国科举制度开启西中互鉴大门

早在12世纪，中国通过科举考试选拔医学人才的方法就由阿拉伯人传到意大利西西里王国，进而引入欧洲其他国家。1557年，葡萄牙人科鲁兹编著的记载科举制的专著《中国游记》，提到中国的官吏“系由考验其学问而后产

生”，并略述了举人、进士的产生情况，对英国考试制度产生了一些影响。16 世纪末到 17 世纪初，中国的科举制度西传至英国。1599 年，浦查斯的《死后之哈克鲁特》评述了中国打破世袭的科举选官，指出，“所有的县官均由考试及第的人中选出”“凡是读书的人均可得到晋升，无论其出身或血统如何”。1615 年，德国奥格斯堡出版了《利玛窦日记》，书中记述了中国的文官政治：“标志着与西方的一大差别而值得注意的另一重大事实是：他们全国都是由知识阶层，即一般称为‘哲学家’（指儒生）的人来治理的，井然有序地管理整个国家。”此书出版后，在欧洲各国广为流传，产生了较大的影响。1621 年，英国作家罗伯特·伯顿以在北京传过教的地亚格神父的信笺为素材编写的《忧郁病的分析》一书，介绍了中国的人才选拔制度，主张英国应借鉴中国的先进经验。

1755 年，英国的《绅士杂志》刊文指出，中国的行政管理水平远在其他国家之上，他们的功名头衔绝非世袭，每年一度在中国都城开科取士。在中国科举制度的影响下，1776 年，英国政府明确表示要放弃腐朽的恩赐官职制，开始朝着通过考试竞争选拔比较优秀的文职人员的方向前进，但因受到保守势力强烈反对而未能推行。①

18 世纪中晚期，英国政府和商人为了扩大他们的贸易、打通与中国的外交和商业渠道，均建议借鉴中国科举制度在印度建立一所学院，专门培养派往中国的文职官员。

① 张丽霞：《中国科举制度对英国文官制度建立的影响》，《哈尔滨学院学报》2017 年第 2 期。

这一时期，由英国贵族安插的亲信把控的东印度公司管理效率低下、资源浪费巨大、贪污腐败严重，引起民众的强烈不满，迫使英国议会和政府开始整顿。1833 年，英国政府有关部门开始实行官职的考试补缺制度，每有职位空缺便由 4 人参加考试，通过竞争择优录用。① 主张仿效中国科举制最为持久的是英国人麦杜思，1847 年，他在《中国札记》中提出，建立类似中国科举制度的竞争性考试制度，以提高英国行政官员的素质。这本书在当时引起了广泛的关注和辩论，对英国政府和官员选拔制度产生了很大的影响。1856 年，麦杜思在《中国人及其叛乱者》中主张将中国科举制度的核心原则运用于英国，以保证官员的选拔基于公平竞争和考试合格。

中国的科举制度对英国现代文官制度的发展产生了积极影响，1888 年 9 月，英国权威刊物《威斯敏斯特评论》刊载了《中国：新的起点》一文，文章开头指出："如果说中国政体中还有什么特别之处会受到欧洲人无条件的赞美的话，那么便是科举制。"② 美国汉学家卜德在《中国思想西入考》一书中则说："科举制无疑是中国赠予西方的最珍贵的知识礼物。"③ 这种跨文化的借鉴和启发使英国文官制度逐步完善。

1. 借鉴多层次、多科目的考核制度。英国在文官制度

---

① 谭健：《二十国人事制度》，辽宁人民出版社 1987 年版，第 298 页。

② R. S. Gundry. China: A New Departure, The Westminster Review, No. 3, Sept. 1888, p. 294.

③ Derk Bodde. Chinese Ideas in the West, Washington, D. C. American Council on Education, 1972, p. 31.

改革后颁发的枢密令规定："科举考试分级并且定期举行；建立文官委员会，对考试进行主持管理，这样使考试制度化，另外要对初试合格者进行复试等。"① 一是考试分级，这与中国科举制度分为乡试、会试和殿试的分级考试有相似之处，英国文官制度的考试分级保证了官员的逐级选拔，每级都需要通过一定的标准，这有助于筛选出更具潜力和能力的官员。二是定期举行考试，与中国科举制度一样，英国文官制度也规定考试定期举行。三是多科目考核方式。英国文官制度的考试形式类似于中国科举制度，强调多科目的考核方式，各科目考核的侧重点不同。

2. 借鉴竞争性、公开性的人才选拔录用制度。英国颁布的枢密令规定，机构人员的录用要通过国家考试，考试定期举行并分出等级，然后择优录取。中国的科举制度也是根据考生成绩择优录用。在选取范围方面，英国也受中国科举制度启发，面向社会公开录用文官，凡是符合条件的公民都有资格通过考试成为文官。

3. 借鉴多层次、多方面的管理制度。在考试录用管理方面，中国科举制度对英国文官制度的影响体现在三个方面。一是试用期制度，英国文官制度受中国科举制度影响，规定每位考试合格的文官都必须经历试用期，其时长根据等级而定，有时可以根据情况延长，试用期满考核合格才能入职。二是独立性与纪律原则，中国科举制度强调主管部门和考官在主持考试时具有独立性，英国文官制度吸收

① 许明龙：《欧洲十八世纪中国热》，外语教学与研究出版社 2008 年版，第 100 页。

这一原则，将考试权授予文官委员会。三是法律约束，中国科举制度中对违反考试录用的行为有相应的处分措施，类似地，英国文官制度对弄虚作假、品行不端的申请人会依法惩处并列为失信人员，永不录用。

总的来看，中国科举制度对英国现代文官考试录用制度的建立发挥了重要的借鉴作用。《剑桥中国隋唐史》一书的编者崔瑞德认为，唐代的科举制度经过长期发展，几乎被全世界接受，"许多世纪以后，这一制度为我们所有西方国家以考试录用人员的文官考试制度提供了一个遥远的榜样。"①

第二节　变革与坚守

英国文官制度的构建和完善是一个渐进而非一步到位的过程，它历经了多个阶段、涉及不同领域和层面的深刻转型与精细调整。在这一过程中，既有变革与创新，也有坚守与传承。

一、对基本原则的变革

随着时代的演进和社会环境的变迁，英国文官制度遭遇了前所未有的挑战。例如，过度重视层级结构、流程规定以及对灵活性、创新能力和快速响应能力的相对忽视，

① Denis Twitchett. The Birth of the Chinese Meritocracy: Bureauc Fats and Examinations in T'ang China, Printed by Berddles (Torquay) Ltd., London, 1974, p. 33.

难以适应日益复杂的现代社会管理和公共服务需求。为此，英国政府不断调整文官制度，尝试拓展一些基本原则的外延。

（一）弱化政治中立原则

虽然英国没有完全摒弃政治中立原则，但事实上文官已经打破了政治中立的藩篱，表现出明显的政治化倾向。

1. 政务官对文官的政治影响力逐渐增强

撒切尔政府时期，在文官选拔录用过程中开始重视官员的政治立场和态度，将其视为高级文官任命不可或缺的考量因素。1980—1987 年，英国 40 位常任次官和 135 位副常任次官，多数是根据其与撒切尔首相及其内阁大臣的政治默契和一致倾向被任命的。

21 世纪以来，政务官更多地直接参与并领导文官的核心工作，不仅在政策制定中扮演重要角色，还承担起相应责任，使决策过程契合政府的政治导向。2019 年鲍里斯·约翰逊首相执政后，这一趋势更为明显，他大量引入政务官担任原本属于文官体系的关键职位，以加强对行政体系的政治控制力。例如，2020 年 6 月，约翰逊首相将英国“脱欧”首席谈判代表戴维·弗罗斯特任命为国家安全顾问，这一举措意味着原本被认为应保持一定独立性和中立性的国家安全顾问职位，转变为具有鲜明政治色彩的政务官。同年 9 月，约翰逊又进一步任命西蒙·凯斯为内阁秘书兼文官长，这标志着最高级别的文官职位也被赋予了明确的政治属性。通过这些任命，约翰逊政府有效地强化了政务官对文官系统的渗透，并重新定义了部分核心文官职务的政治属性。

2. 文官通过其专业知识、经验和对政策执行的深入理解影响政务官的决策与活动

高级文官作为内阁大臣的重要工作伙伴，他们在制定和执行政策过程中能发挥较大作用。他们利用自身丰富的行政经验以及与大臣的独特工作关系，能够在很大程度上塑造和引导大臣的决策方向。常务次官等高级文官在面对复杂的政治问题时，往往会提供经过深思熟虑和分析比较后的建议方案，这些意见往往能够左右大臣最终的决断。由于大臣通常需要应对繁重的政务以及各种会议和公共活动，因此对于具体政策问题可能缺乏足够的时间进行深入研究和独立思考，这就使得高级文官提出的解决方案更有可能被采纳。

当大臣坚持推行某项政策时，若该政策在实际操作层面存在较大困难，文官会以专业角度提出疑问，暗示或明确指出实施中的潜在障碍，并通过非直接方式促使大臣重新审视并调整原有策略。

此外，文官还可能运用一些策略手段，如选择性沉默、幕后协调政府不同部门之间的立场分歧，甚至通过海量文件资料分散大臣注意力，从而在一定程度上实现自身的政策倾向。20 世纪六七十年代，英国首相威尔逊和爱德华·希思（1970—1974 年在任）在执政初期都曾尝试推出新的经济政策，但不久后迫于现实压力和文官系统的影响力，不得不对原有的政策主张作出调整。这一现象凸显了文官在政府决策过程中的重要地位和潜在影响力。

随着文官群体日益增强的政治素养与影响力，许多高级文官凭借其卓越的行政能力和广泛的社会资源，成功地从政界边缘走向政治舞台中心，甚至如威尔逊、希思等担任过高级文官职务的人，最终登上了英国首相的高位。

（二）冲破通才原则壁垒的艰难探索

英国文官制度产生时就将通才作为基本原则，富尔顿改革前的高级文官几乎都是通才。通才原则的出现有着深厚的历史背景，与英国政治体制的变革息息相关。封建社会的英国采取恩赐官职制，所有官吏都由国王或有权势的大贵族任命，贵族子弟几乎垄断了各级政府的官职。1640年英国爆发资产阶级革命后，议会取代国王掌握国家权力，它成立若干专门委员会，雇用专职人员履行管理政府的职能，这些人员就是现代意义的文官。然而，文官从产生之日起，就与贵族利益相违背，同恩赐官职制相冲突，贵族不仅采取各种手段攫取文官的任用权，还要求必须接受过大学教育才有资格担任文官，此后这一要求转化为通才意识，并逐渐得到增强。

1689 年英国君主立宪制建立后，由于工业资产阶级大多没有受过良好教育，不能在重要场合扮演政治家的角色，不得不把政府、军队的高级职位让给贵族，使得贵族长期垄断国家权力。这一时期文官中贵族比例高，他们绝大多数来自收费高昂的公学或文法中学以及牛津、剑桥等大学，这些学校当时以培养通才著称，学生重点学习英国古典文学、古代史、拉丁语和希腊语，他们大多能言善辩，擅长理论探讨、知识竞赛。这些人成为文官后必然将通才意识贯彻到相关政策中，使通才成为政府任用文官的一般原则。

1854 年发布的《诺斯科特—屈威廉报告》明确规定，录取高级文官应对标牛津、剑桥等一流大学毕业生的能力水平。该报告奠定了通才原则的制度基础。随后的百余年间，英国的高级文官出自牛津的约占 50%，出自剑桥的约占 30%，其他大学的约占 20%。[①] 这一原则过于强调传统人文教育而忽视现代管理技能以及自然科学知识的培养。

在通才原则主导下，文官知识面宽而不精，缺乏现代管理知识和技能，许多政府部门外行领导内行。专才的缺失还使得政府在处理某些领域的问题时不得不依赖外部专业组织，甚至在一些重要决策上受到它们的影响，导致政府决策自主性受损，相关外部组织逐渐演变为具有政治影响力的集团。

随着英国经济社会的进一步发展，什么专业都不懂的行政通才已经不能适应日益复杂、专业化的政府工作了。20 世纪初期，英国文官队伍中开始有了少量的律师、医生、工程师和统计师等专业技术人员。1917 年，英国工业和科学研究部成立，招纳了一批科学家，专才型文官人数有了较大幅度增长。随着专才型文官队伍的不断壮大，全国专业文官协会也于 1919 年成立。到 20 世纪 60 年代初，尽管英国专才型文官数量有所增加，但占文官总数的比重仍然较低，不足 30%，仍然无法满足政府

---

① 龚祥瑞：《文官制度》，人民出版社 1985 年版，第 46 页。

行政运转需要。

针对这种情况，1968 年，威尔逊首相和富尔顿委员会进行了一系列改革：一是实行行政管理专业化，改革通才官僚结构，削弱通才对政策的影响。要求今后任用财政和社会行政管理人员必须以是否具备专业知识，而不是以读过历史古典文学为条件。二是加强对文官的专业培训，要求新录用的文官一律到文官学院进行两年制的培训，培训期满后经考核再安排具体工作。三是调整文官分级制度，重新划分文官的类别等级，专家科技人员自成一类称“科学类”，与综合、专业技术、培训、法律、秘书、社会保障、资料处理、警察、调查研究其他九大类并列。四是鼓励文官之间或文官与其他机构工作人员之间互相流动，允许文官离开政府到外界工作，也欢迎他们重返文官之列，以增加文官制度的活力。这次围绕通才原则的改革，虽然效果不明显（专才型文官占比仅提高了五个百分点），却是 20 世纪英国政府为调整通才政策付出的最大努力。

此后的文官制度改革都坚持了这个思路，到 20 世纪中后期特别是进入 21 世纪以来，通才原则的地位有所下降，吸收专才进入文官队伍日益成为政府部门的共识。英国政府中的专业技术和科学研究人员占总文官的比例提高较快，其中环境事务部和国防部等部门最为明显，占比超过 60%。

虽然过去 50 多年通才原则的地位有所下降，但总的来看，英国重视通才的传统根深蒂固，短期内不可能发生颠覆性的变化，专才型文官始终都是配角。

（三）职务常任原则发生根本性变化

为了使文官体系不受政党更迭影响，维护其基于功绩选拔和晋升的原则，英国文官制度建立了一套职务常任制。但随着英国经济社会的发展，政府日益注重行政成本的节约，越来越多的人也不甘于终身只从事一项工作，形势的变化使得职务常任原则受到较大冲击。

首先，文官制度改革削弱职务常任原则。职务常任原则虽然增加了文官工作的稳定性，但现实中这种终身任用制逐步消磨了文官的进取心，使文官产生不求有功、但求无过的惰性。为了改变这种状况，英国政府进行一系列改革，对一些专业性、技术性、事务性以及通用性职位，实行有任期规定的合同聘任制或采取临时性聘用的政策，以吸引高层次的专业技术人才为政府服务。英国在 20 世纪 90 年代的前半期，合同制文官占文官总数的比例达到 27%，21 世纪以来更是超过 50%。[①]由于文官普遍是合同制，而且涨薪空间不大，级别越高，年薪跟体制外同级别的人比就越没竞争力，因此，文官干一阵子就辞职是常事，只有 16%的英国文官干到退休，绝大部分文官中途就转行了。

其次，政府持续精简文官数量，文官职务事实上已不常任。20 世纪 70 年代末英国文官数量达到 73.2 万人的顶峰后，历届政府都将削减文官作为重要改革事项。撒切尔政府力度最大，在她的任期内，文官减少 17 万人，减幅超

---

① 段余应：《各国文官制度及行政体制改革新态势》，《中国行政管理》1997 年第 1 期。

过 20%。梅杰政府削减了 4 万多文官。布莱尔政府直接将文官数量减到 50 万人。2010—2016 年，英国首相卡梅伦出手对文官制度进行改革，使文官人数锐减了 9 万人。此后几届政府也都不同程度地出台过精简文官的政策，每次都减少 1 万人左右。由此可见，这 40 多年来英国文官随时都面临失业的风险，职务常任制仅停留在纸面上。

最后，文官工作性质对年轻人缺乏吸引力，他们都不愿终身担任文官。英国文官的工作每天按部就班、烦琐细碎，对具有创新和挑战意识的年轻人可以说“相当无聊”。缺乏挑战往往意味着没有价值实现感。据英国政府的统计报告，离职文官中除了未通过考核被迫离开的和对当前执政党政策不满的，最主要的原因就是“钱少活少，没发展空间”，因而英国很多刚毕业零经验的大学生喜欢把文官当作职业跳板，摆脱职场小白的身份，累积经验和人脉。

二、英国文官制度的坚守

一个多世纪以来，英国文官制度虽然经过了不少的创新和改革，但正如前首相卡梅伦指出的：“英国文官制度依然有所坚守，它将坚持公共服务精神，它将改善公共服务质量，它将助力企业竞争，它将保证英国文官队伍继续受到世界各地的钦佩。”[①]

---

① https：//assets. publishing. service. gov. uk/media/5a7e4e3c40f0b62305b82231/Civil-Service-Reform-Plan-final. pdf.

（一）保持对文官群体的社会尊重

英国政府不仅维护文官作为公权力执行者的传统地位，还在制度层面不断推动改革以使文官适应现代社会的需求。在保留合理等级结构的同时，努力构建一个层级更简化、行动更敏捷的行政体系，强调结果导向而非过程烦琐，积极倡导并奖励创新精神与能力提升。

政府尊重文官的意见，并为他们提供职业发展空间，例如，设立定期学习和培训机制，使文官能够与时俱进地更新知识与技能。同时，致力于优化工作环境，推行灵活办公模式，利用信息技术手段提高工作效率，建立安全高效的行政流程，从而减轻文官的工作压力。目前，英国文官日均工作时长仅 4 小时，低于全国平均 7.2 小时的工作时长。

在薪酬待遇方面，英国虽然初级文官的薪酬不太高，但高级别文官的薪酬则远高于大部分全职职位员工的平均薪酬。2024 年英国主管/高级主管、高级文官的年平均薪酬分别为 5.7 万英镑和 8.2 万英镑，是英国全职职位员工年平均薪酬（3.6 万英镑）的 1.5—2 倍，除少数金融机构高管外，一般行业难以匹敌。

（二）坚持高效廉洁的公共服务导向

在追求降低行政成本和提升服务质量的过程中，英国政府始终致力于打造一个既能有效运作又能保持廉洁的文官团队。英国现代文官制度自诞生之日起就与封建贵族政治体系中的恩赐官职制形成鲜明对比，历经 100 多年的发展，该制度逐渐孕育出崇尚廉洁、公平的基本价值观。

早期的文官招录阶段，这一价值观已经得到体现，不仅严格遵循公开透明、择优录用的原则，而且在选拔过程中融入了廉政要求和顾客导向的服务意识。随着时代变迁和社会需求的变化，英国文官制度不断经历改革和完善，这种以民众利益为中心、强调公正公平、注重效能和服务质量的价值观也在不断地丰富和深化，为实现更加科学合理的公共治理和更高质量的政务服务奠定了基础。

（三）持续变革以适应外部环境变化

英国文官制度在发展进程中始终秉持适应外部环境变化的原则，不断进行自我革新与调整。从坚守政治中立原则到逐步加强对政务官的影响力，从强调通才教育转向注重专业人才的发展，再从品位分类向职位分类的过渡，以及职务常任制与竞争性开放录用机制的结合，这些变革均体现了其与时俱进的精神。

进入 21 世纪以来，面对日益复杂的国内外形势和不断变化的社会需求，英国政府对文官制度展开了持续而深入的改革。据统计，在过去 20 多年间，至少进行了 7 次以上大规模集中性的改革（2004 年、2005 年、2010 年、2011 年、2012 年、2016 年、2020 年），其中 4 次直接针对提升文官能力以应对环境变化（2004 年、2011 年、2012 年、2016 年的改革），每次改革都是为了促使文官更好地适应新时代的要求和社会发展的潮流。

英国政府深知“唯一不变的就是变化”，因此希望通过不断的制度改革和创新，打造一支能够应对未来挑战的高效能文官队伍，使文官制度在现代英国社会生活中发挥重要的作用，为国家的安全与繁荣提供支撑。

第三节 挑战与应对

进入 21 世纪，特别是随着“乌卡（VUCA）时代”（Volatile，Uncertain，Complex，Ambiguous，即不稳定、不确定、复杂、模糊）的到来，英国政府面临内外环境日益复杂且充满挑战的形势，如“脱欧”等重大事件为英国文官制度的未来发展增添诸多不确定性。为此，英国政府通过转变传统行政管理思维模式，主动拥抱数字化转型，致力于打造更加透明、高效、适应性强的现代文官制度。

一、“脱欧”对英国文官制度的影响

英国 1973 年正式加入欧洲共同体，这一组织后来发展成为现在的欧洲联盟。然而，在英国社会内部，对于其欧盟成员国身份的争论和质疑声音始终未曾间断。2016 年 6 月23 日，英国举行全民公投，最终支持脱离欧盟的阵营以 51.9%对 48.1%的微弱优势胜出，标志着英国民众在经过激烈的思想碰撞后选择了“脱欧”的道路。随后，英国政府启动了有序退出欧盟的程序，并从 2020 年 1 月 31 日开始进入“脱欧”过渡期。此后，英国与欧盟就贸易、移民、法律合作等众多议题展开了密集谈判，以便为“后

‘脱欧’时代”的双边关系构建新的框架。2020 年 12 月 31 日，“脱欧”过渡期结束，英国与欧盟之间的关系按照新达成的协议进行了调整。英国“脱欧”公投，不仅是 20 世纪 80 年代以来形成的全球新自由主义秩序的一次严重危机，更是 2007 年以来国际金融危机深入发展的直接产物。[①]“脱欧”对英国政治和行政体制产生了一定的影响，与之相关的文官制度亦面临重大变革。

1. 人员流动与人才短缺。英国退出欧盟后，劳动力市场流动受到限制，原本在英国文官系统中任职的欧盟成员国公民可能因政策变动而选择离开，这将导致文官队伍的人才流失，特别是在涉及跨欧洲合作项目时出现专业人才空缺。根据文官委员会的一项调查，英国在“脱欧”公投后，约有 20%的文官考虑离职。因此，面对“脱欧”后的挑战，如边境管控、签证政策等新领域，英国政府需新增至少 5000 个职位。[②]

2. 业务调整与政策培训。“脱欧”迫使英国政府重新审视文官的业务范围和工作重点，文官需要接受针对性培训以适应新的政策法规环境。为此，英国政府推出了“‘脱欧’准备计划”培训，涵盖贸易规则、海关程序、移民政策、数据保护以及金融服务等多个领域的课程，使文官能够及时了解并掌握“脱欧”带来的政策变化，从而更好地服务民众和社会需求。

---

① 马钟成：《从英国脱欧公投看西方政治体制的衰败》，《红旗文稿》2016 年第 15 期。

② https：//www. civilserviceworld. com.

3. 行政任务加重与资源配置优化。“脱欧”后，英国必须独立制定和实施一系列政策，大大增加了文官队伍的行政负担。例如，建立自主关税体系、强化边境管理、改革签证政策等，这些都需要文官投入更多精力。《“脱欧”白皮书》明确指出，英国将建立全新的关税制度，意味着文官管理部门的工作压力和责任进一步增大，同时，也需要更合理地调配资源来应对繁重的行政任务。

4. 财政压力加剧。“脱欧”后，英国政府面临巨大的财政支出压力。除了处理社会保障、医疗保健、教育等领域原有的开支外，还需为“脱欧”后的各类新政策提供资金支持。这可能会导致文官管理部门在预算分配上捉襟见肘，必须优先保障关键领域投入，同时寻求有效途径提高财政资金使用效率。

5. 回应民众诉求与舆论引导。“脱欧”后，英国社会呈现出多元化的意见和诉求。文官在政策制定与执行过程中，需要更加关注民众的声音，积极应对舆论压力。英国政府在《“脱欧”白皮书》中提出设立类似“人民之家”的机构，专门负责收集和处理民众反馈，使政策制定更贴近民意。

6. 数据流通与法规遵从。“脱欧”后，英国必须构建新的数据保护和法规遵从框架，以维持与欧盟和其他国家的数据自由流通。这意味着文官在这一领域需加强学习和实践，使出台的相关政策符合国际标准，并在实践中得以有效执行。

二、社会发展对英国文官管理方式的挑战

自 2016 年以来，英国社会与政治环境经历了一系列重大变革和挑战，包括“脱欧”进程的启动及其后续影响、新冠疫情暴发以及日益严重的国内生活成本危机。这些事件不仅给英国政府部门以及文官系统带来前所未有的工作压力，而且对整个公共部门人力资源管理提出了严峻考验。尽管 2016—2022 年英国文官队伍总体上呈现增长态势，并且文官群体在社会中享有一定的地位与认可，但政府在吸引并保留高素质人才以充实文官队伍方面仍然面临巨大难题，特别是在与私营企业竞争具有高技能背景的专业人士时，这一矛盾显得尤为突出。面对这种情况，英国文官管理部门通过提升管理体系的公平性和灵活性，例如，改进招聘流程，提供更具竞争力的薪酬待遇和职业发展机会；优化培训机制来提升文官能力，以适应不断变化的社会需求；加强内部沟通和完善激励机制；等等，使文官队伍能够应对复杂多变的时代挑战。

（一）英国文官管理的公平性

英国文官管理制度在改革进程中，对公平性的追求和强化是一个持续且关键的主题。

1. 强调机会平等

英国政府致力于保证文官制度的公平性和多元化，以便为所有人提供平等的机会。文官平等机会政策规定，所有符合条件的人都必须基于其适应该工作的能力享有平等的就业和晋升机会。在招聘和晋升过程中，不得歧视，包

括年龄、残疾、性别、婚姻状况、性取向、宗教或信仰、种族、肤色、国籍、民族或国家起源、社区背景、工作模式、就业状态、性别认同（跨性别）、工会会员身份等方面。

政府各部门和行政执行机构必须遵守平等机会立法以及根据这些立法发布的行为准则，其职责包括：保证部门内平等机会政策的实施和遵守；对招聘、晋升和培训过程进行审查，努力做到公平透明；提供培训，以提高文官对平等机会的理解和认识；监测和评估部门内的平等机会措施，以保证其有效性和持续改进；定期与文官沟通，了解他们在平等机会方面可能遇到的问题，并采取适当的措施予以解决；保证部门内各种平等机会计划和行动的执行；与其他政府部门和行政执行机构合作，共同推动文官体系的平等机会政策出台。

为更好落实上述平等机会政策，政府各部门和行政执行机构必须指定一名或多名平等机会官员，负责执行其平等机会政策和行动计划，并监测和审查内阁办公厅指导意见中规定的进展情况。除此之外，各级管理人员还有责任在自己的职权范围内取得进展。①

2. 强调招聘过程的多元化和公开化

英国政府不仅通过官方网站统一发布各个部门和层级的文官职位信息，使所有符合条件的公民都能获取平等的申请机会，还采用社交媒体、招聘会、校园招聘等多种途

---

① Civil Service management code，http：//www. gov. uk.

径拓宽人才来源，鼓励不同背景和专业领域的优秀人才加入文官队伍。

为了实现公开化，英国政府在招聘过程中严格执行公平竞争原则，对每一个岗位都设定明确的任职资格标准，并详细列明选拔流程，包括但不限于笔试、面试、心理测试等环节，以评估应聘者的综合素质与能力。同时，所有申请人必须经过相同的筛选程序，不受任何偏见或歧视影响，保障每个人都有公平展现其能力和潜力的机会。①《招聘原则（2018）》规定，文官必须在公平公开竞争的基础上择优录用。②

总之，在多元化和公开化的双重驱动下，英国文官制度力求构建一个包容性强、竞争力高且具有良好民众信任度的文官团队。

3. 强调监督与激励并举

英国政府在强化对文官群体的监督与规范的同时，注重运用多元化的激励机制来激发文官的工作积极性和创新能力。具体激励措施涵盖了薪资调整、晋升通道拓宽、培训机会增加、各类表彰奖励以及营造积极正面的就业环境以提振团队士气等。

2012 年，英国政府推出了《文官制度改革计划》，明确提出要构建一套现代雇佣制度，旨在认可并奖赏那些效率高超、专业尽责的文官，为所有文官创造一个充满活力

---

① https：//www. civilservicejobs. service. gov. uk，英国政府的招聘网站提供所有部门的职位空缺信息。

② Recruitment-Civil Service Commission，http：//independent. gov. uk.

且富于激励的就职条件。针对高级文官，英国政府向高级薪酬审查委员会提交了一项提案，并于2013年正式实施，其中包含了“赚回来”这样的自愿参与项目，允许高级文官通过提升绩效获得额外的薪酬回报。

此外，该计划强调对全体文官进行严格的定期绩效评估，对表现突出者给予奖励，对表现欠佳者提出改进意见。为了提升文官能力素质，每年保证至少5个工作日用于个人学习和参加活动。

（二）英国文官管理的灵活性

随着时代变迁和国际形势的演变，英国政府认识到传统的文官管理模式难以适应所有地区以及不同文官的需求。为了应对这种变化，英国文官管理制度在保持其核心原则的基础上，逐渐增强了灵活性与适应性。

1. 推行灵活的用工制度

为了适应现代社会的多元化需求和提高工作效率，英国政府允许文官选择适合自己的工作模式，如兼职、远程办公或弹性工作时间安排。

英国文官队伍结构呈现多样化特征，包括但不限于全职合同、兼职合同、临时雇用、永久职位等多种类型的工作安排。据统计，在实际运作中，从兼职到全职各个层级，文官每周工作时长可从几小时至几十小时不等，保证了公共部门能够有效应对各类复杂任务以及不断增长的服务需求。

数据显示，2008年，英国文官体系中采用灵活用工方式的人员比例大约占到了整体的20%，而随着政策的进一步推广和完善，至 2016 年，该比例已提升至约 25%。2024 年 4 月 6 日，英国政府发布的《灵活工作法》规定，英国全境正式实行弹性工作制。这标志英国文官灵活用工制度有了法律依据。

2. 适应社会发展的保障体系

2020 年 2 月，英国政府推出了“构建一个包容并支持照顾者需求的文官队伍”的战略计划。该计划即英国文官照顾者战略，其核心目标是为承担家庭照顾责任的文官提供有力支持，帮助他们在职业发展与照顾家庭之间实现更好的平衡。

该战略部署了六大关键措施。一是照顾者宪章：制定一份照顾者指南，详尽阐述照顾者的权益以及可享有的福利政策；二是文官照顾者护照：推出一项创新工具，向照顾者提供工作场所支持信息和服务资源汇总；三是直线经理工具包：针对各级管理者提供专门培训和指导手册，以提升他们对如何有效支持下属照顾者的理解和实践能力；四是特殊照顾假期制度：设立有偿特殊假期机制，允许照顾者在必要时请假以便更好地履行照顾家庭的职责；五是建立照顾者互助网络：构筑一个互动平台，让身为照顾者的文官能够交流心得、分享经验和相互支持；六是数据收集与监控优化：通过在文官调查问卷以及政府各部门人力资源信息系统中增设相关问题，改进对照顾者数据的统计分析和动态监测。

该战略持续至 2025 年，在此期间，英国政府在落实各项建议上取得了一定进展。未来发展的重点是保证对照顾者的支持力度持续不减，同时将最佳实践和一致性融入日常工作流程中，以期实现战略目标。①

三、大数据和人工智能技术对文官能力的挑战

在信息时代，人工智能将对各国政府治理方式提出新要求，这不仅要求文官队伍中应拥有大量能够处理数据的分析师和经验丰富的数据科学家，而且要求非技术文官也必须了解如何根据新技术重新构想政策或设计服务。②

（一）主要挑战

1. 数据隐私与文官伦理

在人工智能日益渗透并影响公共管理领域的背景下，政府部门对个人和企业数据的收集、分析活动显著增加。这一趋势引发了关于人工智能应用是否会侵犯公民隐私权的重大关切。随着大数据技术与智能算法的发展，海量信息被用于优化政策制定、提高服务效率以及预防风险等方面，但同时也带来了潜在的数据安全与隐私泄露风险。

面对这些伦理挑战，文官的行为准则和责任担当也面临着全新的审视。文官不仅需要严格遵守相关法律法规，在运用人工智能过程中尊重并保护公民个人信息，还应在制度设计、项目执行以及日常工作中体现高度的职业道德和伦理意识。此外，文官应主动参与相关政策法规的研讨与制定，推动构建更为健全的数据伦理规范，以实现人工智能技术与公

---

① Civil Service Careers' Strategy：2020 to 2025，http：//www. gov. uk.

② https://www. gov. uk/government/publications/the-government-technology-innovation-strategy/the-government-technology-innovation-strategy.

民基本权利之间的和谐共生。

2. 失业与技能转型

人工智能技术的发展和应用可能导致部分公共管理领域的工作岗位被自动化替代,从而引发相关职能的文官失业。同时,劳动力市场对人才的需求也将发生转变,对新兴技能的需求日益增长。①

一方面,智能系统可以高效地处理大量数据、执行标准化任务以及提供决策支持,从而替代部分人力密集型工作,使得一部分不具备新技能或无法适应新技术环境的文官可能面临职业转型的压力。另一方面,政府和公共部门对掌握数据分析、人工智能应用、网络安全、项目管理等新型技能的专业人才需求大幅增加,这些专业技能成为未来公共管理者不可或缺的核心竞争力。

应对这一挑战的关键在于及时调整培训教育体系,促进现有文官队伍进行技能升级和知识更新,同时引导年轻一代人才提前储备适应人工智能时代的必备能力。通过政策引导和培训教育改革,使文官队伍能够持续满足时代发展的需求,实现人力资源的优化配置,以保持公共管理体系的稳定性和效能提升。

3. 算法偏见与公平性问题

人工智能系统通常依赖于数据进行决策。然而,数据的收集和分析过程中可能存在偏见,导致算法决策不公平。这

---

① Felix L. The future of work in the age of AI, Harvard Business Review, vol. 95(4), pp. 44-52.

引发了关于算法透明度和公平性的讨论。[1] 人工智能算法漏洞，会导致技术生产和技术使用的分离，会与原有的绩效管理体系兼容困难，对文官的考核和管理会造成新的挑战。[2]

具体到文官管理领域，人工智能算法的引入对传统考核方式提出了新的挑战。一方面，如果算法决策因数据偏见而出现不公平情况，可能会对文官的职业发展、晋升评估以及资源分配等方面造成负面影响。另一方面，如何在算法辅助决策的同时保持公正性，并将其合理纳入现有的绩效管理系统，也是政府部门在推进数字化转型过程中必须面对的问题。

因此，在利用人工智能提高行政效率的同时，亟须构建和完善一套能够识别并纠正算法偏见的机制，以保障文官群体在智能化环境下的权益公平，推动公共管理系统的持续健康发展。

（二）应对措施

英国政府积极应对大数据时代和人工智能等新兴技术所带来的变革与挑战，在 2017 年启动了“数字服务转型计划”，旨在满足民众日益增长的数字化服务需求，并大幅度提升公共部门的服务质量和效率。2018 年 4 月，英国政府发布了名为《人工智能：未来决策的机遇与挑战》的国家战略报

---

① Moss, D. Algorithmic bias and discrimination: What can public administration do? Public Administration, vol. 96(3), pp. 447-460.

② 罗鹏：《人工智能背景下公共部门绩效管理的机遇与挑战》，《中国人事科学》2022 年第 9 期。

告，详尽描绘了英国对人工智能创新发展的长远构想、明确的战略目标以及实施路线图，涵盖了政策法规、技术研发、教育培养、伦理道德等多个维度。在此背景下，2018 年 6 月，英国政府成立了专门的人工智能办公室，该部门肩负着推进国家层面人工智能技术研发及其应用落地的重要使命，负责协调政府不同部门间的人工智能相关政策制定与执行工作，使各领域的智能化发展相互协同。2021 年 9 月，英国发布《国家人工智能战略》，通过设立人工智能特别工作组、加强区域开发与商业化落地等一系列举措，持续完善和升级国家层面的人工智能治理体系和创新能力。①

为了使文官更好地适应人工智能技术的发展，英国政府着重开展了以下工作。

1. 明确人工智能使用的道德规范

通过相关立法和法规，英国不断加强文官在使用相关数据时必须遵循的道德规范。《人工智能：未来决策的机遇与影响》对人工智能的变革性影响以及如何利用人工智能作出了阐述与规划，尤其关注到了人工智能发展所带来的法律和伦理风险。在该报告中，英国政府强调了机器学习与个人数据相结合对个人自由、隐私等基本权利的影响，明确了对使用人工智能所作出的决策采用问责的概念和机制，并同时在算法透明度、算法一致性、风险分配等具体政策方面作出了规定。

2021 年 9 月，英国发布《国家人工智能战略》，进一

① 参见英国人工智能办公室网站，https://www.gov.uk/government/organisations/office-for-artificial-intelligence。

步明确了公共部门使用人工智能的道德规范和安全指南。近年来，在英国政府网站上，集中公布了一批由政府和公共部门制定的人工智能伦理原则，旨在为从事数据或人工智能工作的文官提供指导，内容涉及《数据道德框架》《在公共部门使用人工智能的指南》《人工智能采购指南》《服务标准—服务手册》等。[①]

2. 强化对数字人才的吸引和整合

英国政府为了适应人工智能等先进技术的发展需求，持续优化并构建了文官数字、数据和技术能力框架体系。在人力资源政策上，政府不仅大幅度增加数据科学、信息技术等相关领域的专业岗位招聘力度，而且不断革新招聘流程与策略，通过提升职位描述的吸引力、增强职业发展前景展示以及保证招聘过程的公平性和透明度，旨在吸引更多全球顶尖的技术人才投身于各级政府部门的工作之中。

此外，英国政府推出了一系列配套措施，如设立专项奖学金、提供继续教育和技能培训机会、优化签证政策以吸纳国际优秀人才，并与教育机构合作，从源头上加强科学、技术、工程和数学教育，培养本土新一代数字技术专家，从而壮大其数字化人才队伍，为实现国家层面的数字化转型和技术创新奠定人才基础。

3. 强化文官在人工智能技术及其应用方面的培训教育

为了使各级文官能够利用现代科技手段优化公民服务体验，英国政府自 2012 年起加大了在人工智能相关领域的培训

① https：//www. gov. uk/guidance/data-ethics-and-ai-guidance-landscape.

教育力度，同年就成立了政府数字服务部，该部门的核心任务是推动政府实现数字化转型，并持续改善国家层面的数字政务服务质量。为此，该部门推出了一系列培训教育项目和能力提升措施，涵盖数字战略制定、用户体验设计、数据分析解读、敏捷开发方法论等课程，旨在使文官认识并掌握数据驱动决策的重要性，培养他们理解如何借助先进技术进行创新，以及如何与数据专家团队共同工作。此外，政府数字服务部还推行了高级文官到私营部门交流学习的借调机制，以拓宽视野，借鉴工业界的先进技术和管理经验，从而更好地将人工智能、大数据技术应用于公共行政领域，提高文官队伍的服务效能和创新能力。

4. 优化文官工作流程并引入智能化辅助手段

英国政府利用人工智能和自动化技术来革新文官的工作方式，旨在提升他们的工作效率与质量。具体措施包括将人工智能系统应用于处理日常行政中大量重复性和标准化任务，如数据录入、文件整理、初步决策支持等，从而释放文官的精力，使他们能够更多地专注于解决复杂问题、创新政策制定以及提供更加精细化的公共服务。通过这种方式，英国政府不仅提高了文官的工作效能，也鼓励了文官队伍发挥专业智慧和创新能力，推动整个公共管理系统的现代化升级。

5. 持续建设并完善数据驱动的智能平台

为了能够安全、高效地访问和分析数据，英国政府采用一系列技术组件与平台构建了一个大规模接纳并整合新兴技术的环境，并在此基础上制定技术标准，推广和分享在新兴技术应用方面的最佳实践。2023 年 7 月，内阁办公厅部长杰里米·奎因在关于文官现代化改革的演讲中提出了两项旨在优化人力资源管理的新数字平台计划：一是政府技能校园平台计划。政府技能校园平台是一个统一的学习和发展平台，服务整个政府体系，提供文官所需的学习资源。该平台基于技能数据分析，可以智能化地向学习者推送符合其需求的培训内容，同时为文官的职业发展规划提供实时、准确的数据支持。二是跨部门人才调配平台计划。跨部门人才调配平台能简化文官在不同政府部门之间的调动流程，减少人员流转的行政障碍。这一举措预计在未来五年内可节省大约一亿英镑的开支，并且通过将具备合适技能和经验的文官放到合适的岗位上，从而提高政府工作效率。①

四、展望

查尔斯·汉迪在其1990年出版的著作《断层线》中提出了“T型人才”概念②，描述了其核心特征与优势。他指出，“T型人才”既具备一个或多个领域深厚的专业知识和技能（如同字母“T”的竖直部分所示），又拥有广泛的跨领域知识、多种通用技能以及对不同学科间联系的理解能力（如同“T”的水平横杆所示）。这种人才不仅在专业范围内表现突出，还能够跨越传统的职能界限，实现跨领域的沟通与合作。

---

① https：//www.gov.uk/government/speeches/speech-skills-efficiency-and-technology-in-the-civil-service.

② https：//www.youtube.com/watch？v=uAo8OOKKflY.

面对当前日益复杂且快速变化的工作环境，“T 型人才”更能迅速应对挑战，通过整合多领域资源、洞悉发展趋势，提出富有创意的解决方案。因此，无论时代如何变迁，英国政府始终重视文官个人的职业发展与成长，鼓励他们不断提升自身技能，努力成为具有广泛适应性和高效协作能力的“T 型人才”。为了实现这一目标，英国政府构建了一套培训教育体系，涵盖多样化的课程内容与实践机会，以支持文官不断更新知识结构、提升综合素质。此外，政府还积极推动跨部门的交流与合作，打破传统的职能壁垒，增强团队协作能力，从而形成一个有利于“T 型人才”发展的组织文化环境。

出版后记

习近平总书记高度重视不同文明的交流互鉴，2024 年 6 月，在和平共处五项原则发表 70 周年纪念大会上的重要讲话中进一步指出，“不同文明完全可以在平等相待、互学互鉴中兼收并蓄、交相辉映”，“增进世界各国不同文明沟通对话，加强治国理政交流”。新时代发展和完善中国特色干部制度，也要学习借鉴世界各国的相关经验。

英国文官制度自诞生以来，就一直吸引着国际社会的关注与研究。该制度的起源虽然可追溯至 19 世纪初，但其深层的历史根基却源自更为久远的传统与实践，其发展历程不仅反映了英国行政管理的逐步现代化，也彰显了英国国家治理的经验和传承。本书阐释了英国文官制度从早期雏形到成熟形态的演变过程，剖析其历史底蕴、演化历程、价值取向、实质内容、运行机制及其面临的挑战，力图对这一制度作出较为客观的评价，为洞悉英国政治行政体制提供一个理解视角，以此了解其对英国国家治理结构、政策制定以及实施环境产生的影响，试图找出一些国家引入或借鉴该制度的主要原因。

本书阐释了英国文官系统的分类，即如何依据职责、能力和专业划分不同类别和等级的文官职位；论述了英国文官考试录用制度，探讨了公开竞争考试、择优录用的原则以及选拔过程中的公正性和透明度；梳理了英国文官考核激励制度，分析了文官绩效评价体系的构建、定期考核机制及其与职务晋升间的紧密联系；介绍了英国文官培训教育制度，涵盖新入职文官的基础培训、在职文官的专业技能提升及其领导力培养等方面；解读了英国文官薪酬福利制度，讨论了文官的薪酬结构、津贴补助、社会保障以及退休待遇等内容；研究了监管制度在维护文官队伍廉洁高效运作方面所起到的作用，包括行政监督、法律约束以及民众参与等多种形式的监管机制。

本书由中国人民大学公共治理研究院李家福研究员策划、统稿，胡威教授负责文稿审定，张世闯博士负责文稿修改，冯世冲、王欣蕊负责资料收集和部分章节写作。

感谢中国人民大学公共治理研究院为本书写作提供的条件和支持。期望本书能为读者提供一个独特而深入的认知英国文官制度的机会，以增进对该制度运作机制以及所面临问题的了解。

人梯书库编委会

2025 年 6 月

图书在版编目(CIP)数据

英国文官制度评介 / 李家福编著．-- 北京 ：党建读物出版社，2025. 7

（干部工作知识丛书）

ISBN 978-7-5099-1462-5

Ⅰ.①英… Ⅱ.①李… Ⅲ.①文官制度—研究—英国 Ⅳ.①D756. 19

中国版本图书馆 CIP 数据核字(2022)第 000989 号

英国文官制度评介

YINGGUO WENGUAN ZHIDU PINGJIE

李家福　编著

总 策 划： 萧曙
责任编辑： 谢洪波
责任校对： 张学民
篆刻设计： 官明
封面设计： 春天・书装工作室
出版发行： 党建读物出版社
地　　址： 北京市西城区西长安街 80 号东楼（邮编：100815）
网　　址： http://www. djcb71. com
电　　话： 010-58589989/9947
经　　销： 新华书店
印　　刷： 北京中科印刷有限公司

2025 年 7 月第 1 版　2025 年 7 月第 1 次印刷

880 毫米×1230 毫米　32 开本　7. 75 印张　153 千字

ISBN 978-7-5099-1462-5　定价：26. 00 元
